Anleitung

Seite A: Großbild

Quizzen und Lernen – perfekt für Gruppen!
Evidenz Grad A:
> Testen ist der reinen Wiederholung überlegen.
> Vermeide das Bestätigungs-Bias! Reproduziere ohne auf Deine Notizen zu schauen. Lass Dich abfragen. Erkläre anderen das Bild.

Seite B: Notizblock

Gedacht für, Überraschung, Notizen.
Wiederhole und ergänze die Infos. Spinne die Geschichten weiter und zapfe Dein episodisches Gedächtnis an: Wer hat das Objekt dorthin gelegt?

Aktuelle Ressourcen zum TOP100 Buch gibt es auf:
www.meditricks.de/top100

Inhaltsverzeichnis

Pädiatrie

Diphtherie **8**
Pertussis **10**
Epiglottitis **12**
Scharlach **14**
Listeriose **16**
Polio / Kinderlähmung **18**
Röteln **20**
Ringelröteln **22**
Masern **24**
Mumps **26**
Dreitagefieber, Exanthema subitum **28**
Coxsackie A und B **30**
Varizellen **32**
CMV, Cytomegalie Virus **34**
EBV, Epstein-Barr-Virus **36**
Toxoplasmose **38**
Oxyuriasis **40**

Sexually transmitted diseases
STDs

Gardnerella vaginalis **42**
Gonorrhö **44**
Syphilis: Erreger, Stadien und Klinik **46**
Syphilis: Diagnostik und Therapie **48**
Syphilis: Konnatale Syphilis **50**
HPV, Humane Papillomviren **52**
HIV: Stadium A **54**
HIV: Statdium B **56**
HIV: Stadium C, AIDS **58**
HIV: Therapie **60**
Trichomoniasis **62**

Inhaltsverzeichnis

Neurologie

Borreliose: Erreger, Stadien und Klinik **64**
Borreliose: Diagnostik und Therapie **66**
Tetanus **68**
Botulismus **70**
Rabies, Tollwut **72**
FSME, Frühsommer-Meningoenzephalitis **74**
Herpes Zoster **76**
Meningitis: Klinik und Diagnostik **78**
Meningitis: Therapie **80**
RLS, Restless-Legs-Syndrom **82**

Reiseerkrankungen

Gelbfieber **84**
Dengue-Fieber **86**
Hepatitis A **88**
Amöbiasis **90**
Giardiasis **92**
Leishmaniose **94**
Chagas, Amerikanische Trypanosomiasis **96**
Schlafkrankheit, Afrikanische Trypanosomiasis **98**
Schistosomiasis, Bilharziose **100**

Inhaltsverzeichnis

Gastroenterologie

Campylobacter Enterokolitis **102**
Salmonellose **104**
Typhus/Paratyphus **106**
Shigellose **108**
Cholera **110**
E. Coli: ETEC, EPEC, EIEC, UPEC, EAEC **112**
E. Coli: EHEC und HUS **114**
Morbus Whipple **116**
Helicobacter **118**
CDAD, Clostridium-difficile-assoziierte Diarrhö **120**
Hepatitis B: Infektion **122**
Hepatitis B: Diagnostik **124**
Hepatitis B: Therapie **126**
Hepatitis C: Infektion **128**
Hepaitits C: Therapie **130**
Norovirus **132**
Hunde-, Fuchs-, Fischbandwurm **134**
Morbus Crohn: Klinik **136**
Morbus Crohn: Diagnostik **138**
Morbus Crohn: Therapie **140**

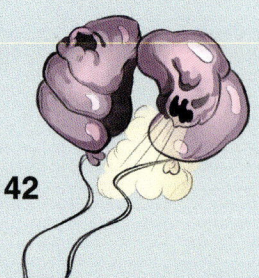

Pneumologie

Ornithose / Urogenitale Chlamydieninfektion **142**
Legionellose **144**
Q-Fieber **146**
TB: Erreger, Primäre und Sekundäre TB **148**
TB: Miliar- und extrapulmonale TB **150**
TB: Diagnostik und Therapie **152**
Hantavirus **154**
Influenza **156**
Aspergillose **158**
PJP, Pneumocystis-Pneumonie **160**
Sarkoidose: Klinik **162**
Sarkoidose: Diagnostik und Therapie **164**

Inhaltsverzeichnis

Rheumatologie

Axiale Spondylarthritis, Morubs Bechterew **166**
Kawasaki-Syndrom **168**
Sjögren-Syndrom **170**
Endokarditis **172**
Rheumatisches Fieber **174**

Hämatoonkologie

Multiples Myelom **176**
ALL, Akute lymphatische Leukämie **178**
AML, Akute myeloische Leukämie **180**
CML, Chronisch myeloische Leukämie **182**
PNH, Paroxysmale nächtliche Hämoglobinurie **184**
Sichelzellanämie **186**
Sphärozytose **188**
Thalassämie **190**

Endokrinologie

Morbus Addison **192**
Hypophyseninsuffizienz **194**
Morbus Cushing, **196**
Diabetes insipidus **198**
Prolaktinom **200**
Akromegalie **202**
AGS, Adrenogenitales Syndrom **204**
Hyperthyreose **206**
Morbus Basedow **208**

Pädiatrie Diphtherie

Pädiatrie — Pertussis

Pädiatrie   Epiglottitis

Pädiatrie — Scharlach

Pädiatrie — Listeriose

Pädiatrie — Polio

Pädiatrie — Röteln

Pädiatrie — Ringelröteln

Pädiatrie | Masern

Pädiatrie — Mumps

Pädiatrie — Dreitagefieber, Exanthema subitum

Pädiatrie — Coxsackie A und B

Pädiatrie   Varizellen

Pädiatrie

CMV, Cytomegalievirus

35

Pädiatrie — EBV, Epstein-Barr-Virus

37

Pädiatrie Toxoplasmose

40

Pädiatrie   Oxyuriasis

Gemischtes
Warum wagt niemand was anderes als Orchideen zu kaufen?
Aua...
Ella
MILCH
METRO

| STD | Gardnerella vaginalis |

Jeden Abend:
Ping Pong Show
No!
Nice, ein Bordell. Wanna go?
XXX
Die Zelle
My pussies's alright, ok?
Bonjour!
2:07
I am leaving!
Metro
Einmalig sauer

| STD | Gonorrhö |

Zum Harten Schanker
Lues, bist du es?
Garzeit 2-3 Wochen
#1
Allo du schönes Areal
Komme in Monaten wieder, ach was, Jahren!
Saal

STD — Syphilis: Erreger, Stadien und Klinik

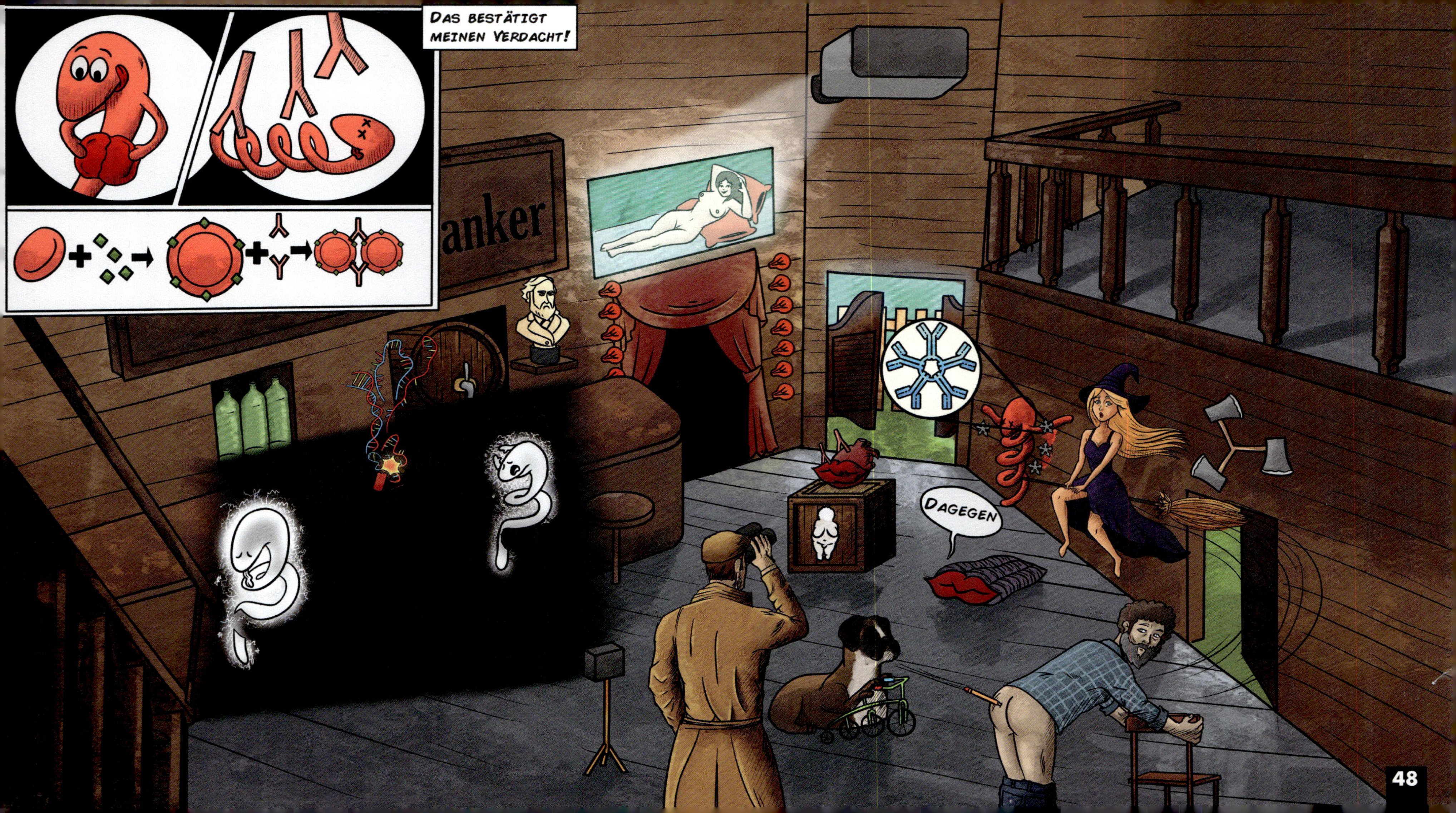
DAS BESTÄTIGT MEINEN VERDACHT!
anker
DAGEGEN

STD — Syphlis: Diagnostik und Therapie

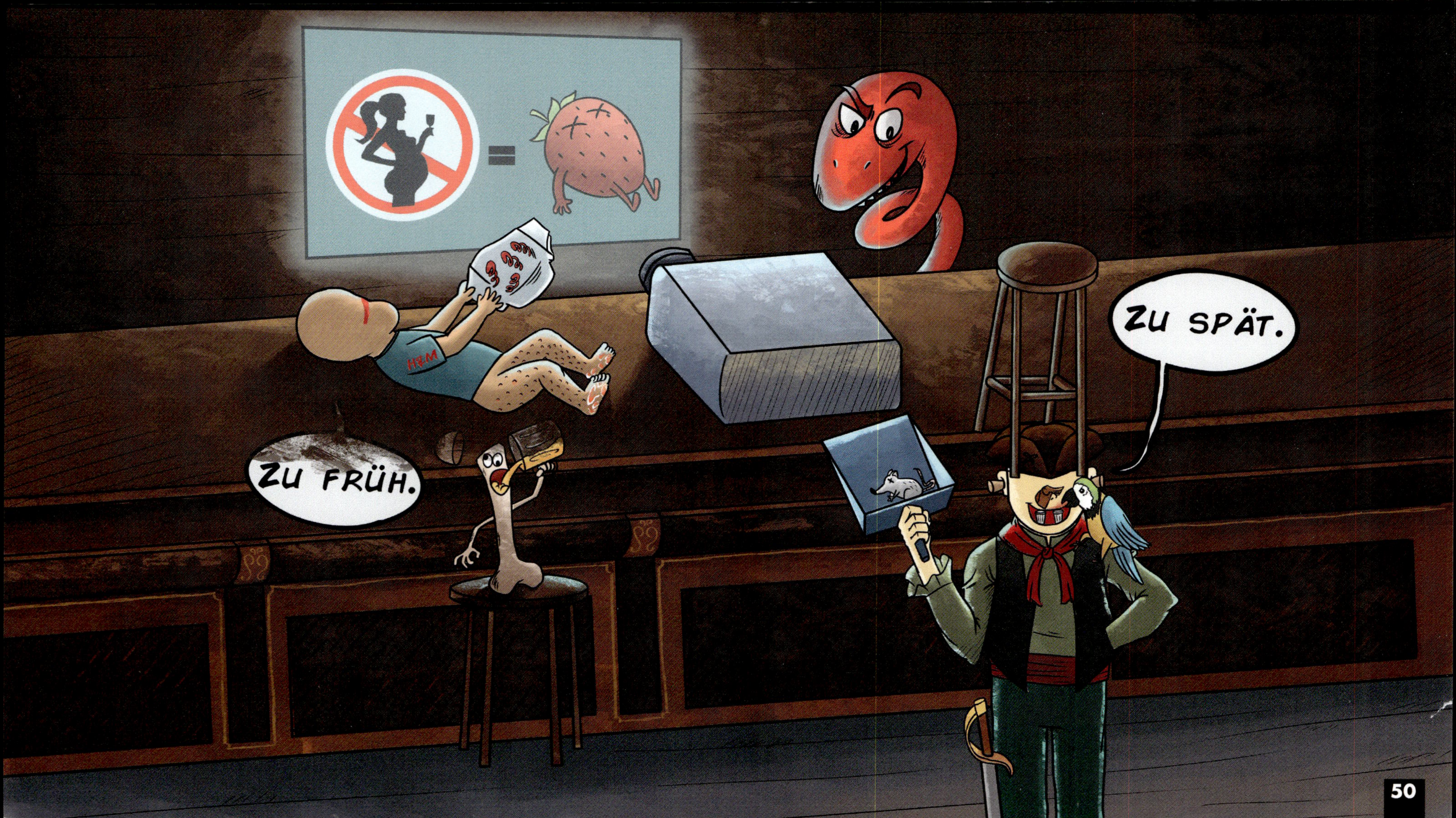
ZU FRÜH.
ZU SPÄT.

STD — Syphilis: Konnatale Syphilis

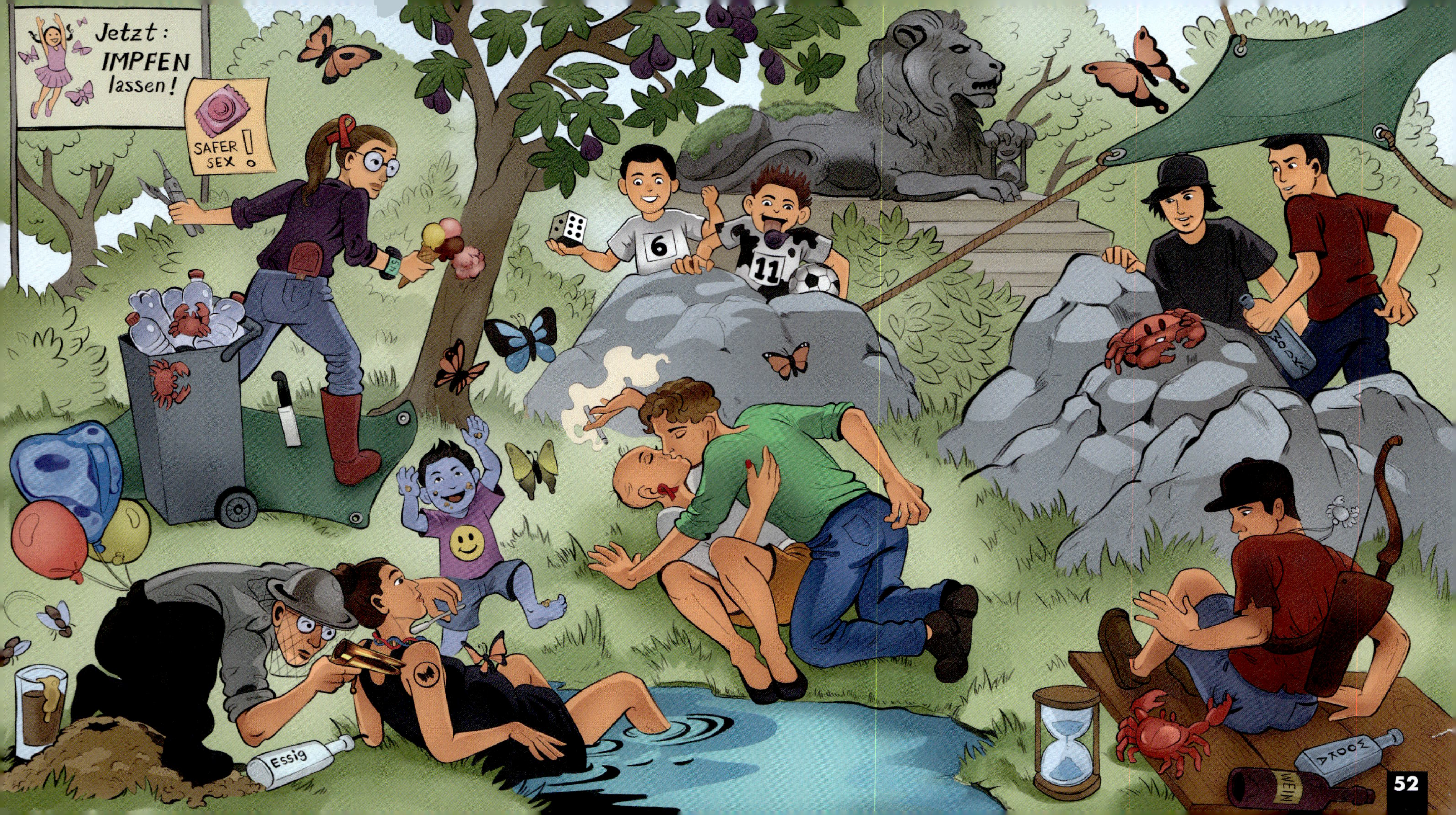
Jetzt: IMPFEN lassen!
SAFER SEX!
6
11
Essig
WEIN

STD	HPV, Humane Papillomviren

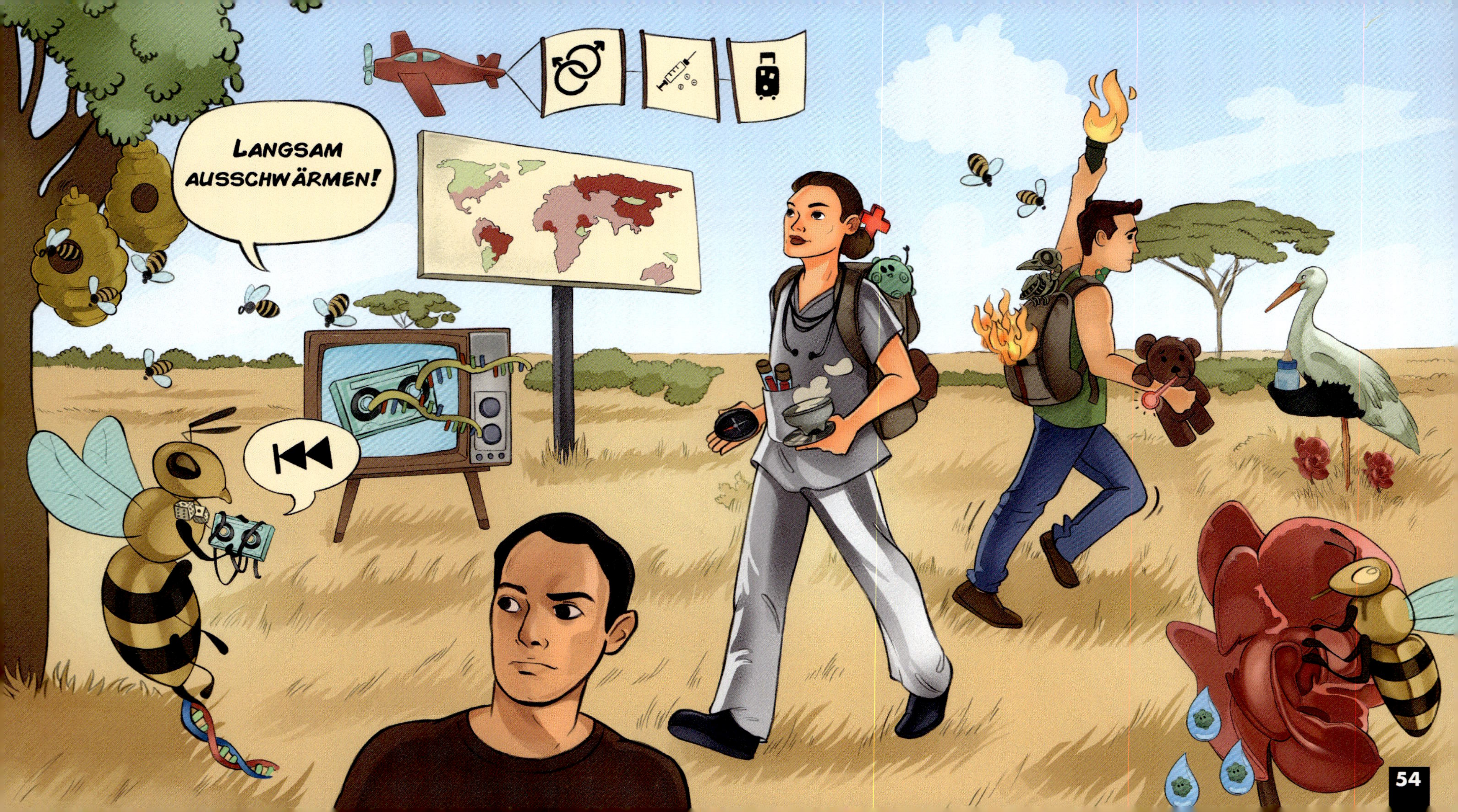
LANGSAM AUSSCHWÄRMEN!

| STD | HIV: Stadium A |

Ein Batzen Katzen!
Klinische Stadien
Zeitpunkt
A
B
2500/
A1
B1
200-
A2
A3
B3
Das ist nicht richtig definiert!
♪#CIS
1 MO

STD

HIV: Stadium B

58

STD   HIV: Stadium C, AIDS

AVIA
MILKSHAKES mit protein!
Ausverkauft
Integrierte Gase
Komm reit in die indische AVIA!
Abra Kadabra!
Ne? Wir rappen' hier. Jo!
No Competition!
Nukleosid NRT1
Zucker
Zucker
Nuke energie? Nein Danke

STD   HIV: Therapie

62

STD   Trichomoniasis

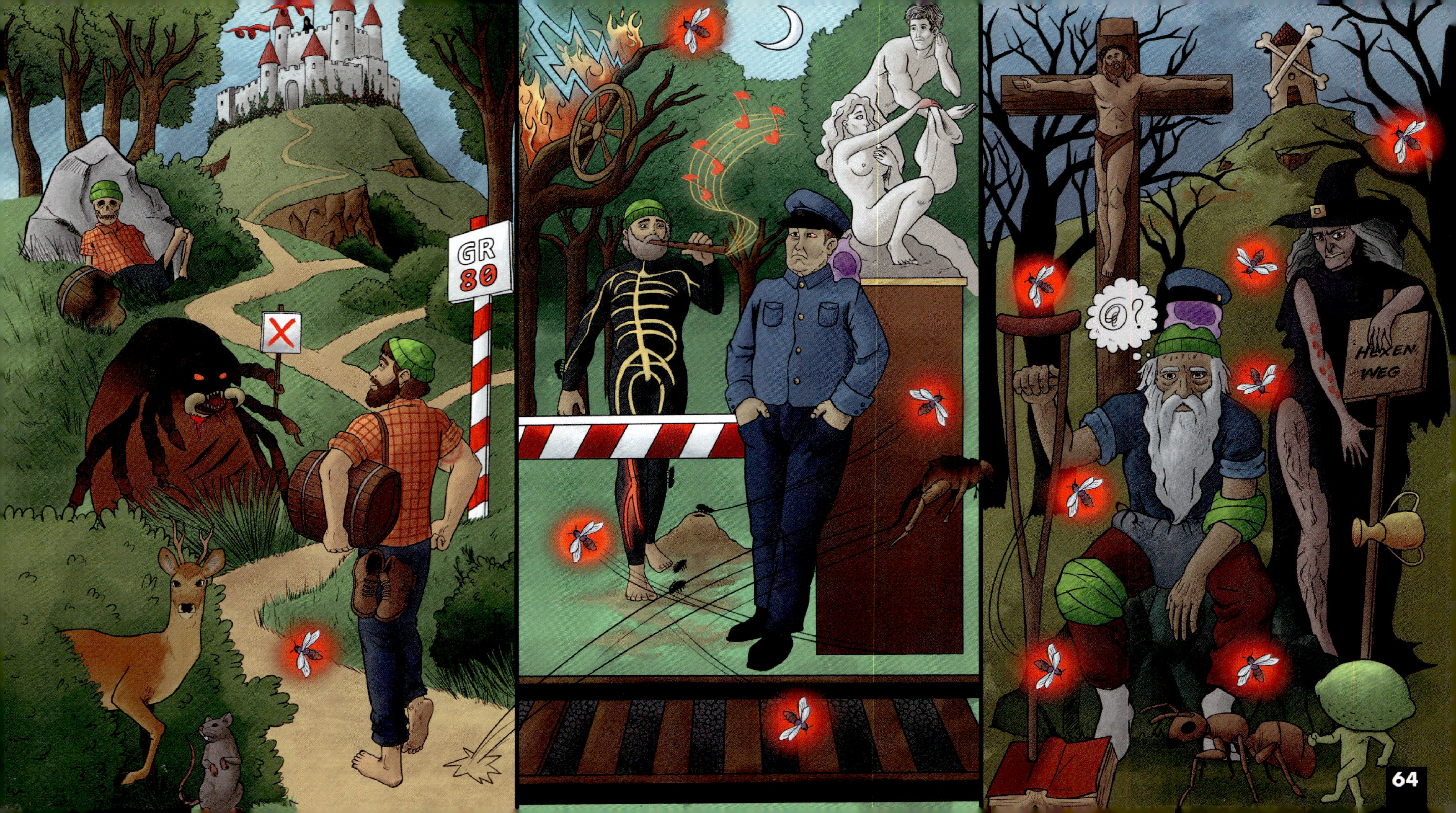
GR
80
@?
HEXEN
WEG

Neurologie

Borreliose: Erreger, Stadien und Klinik

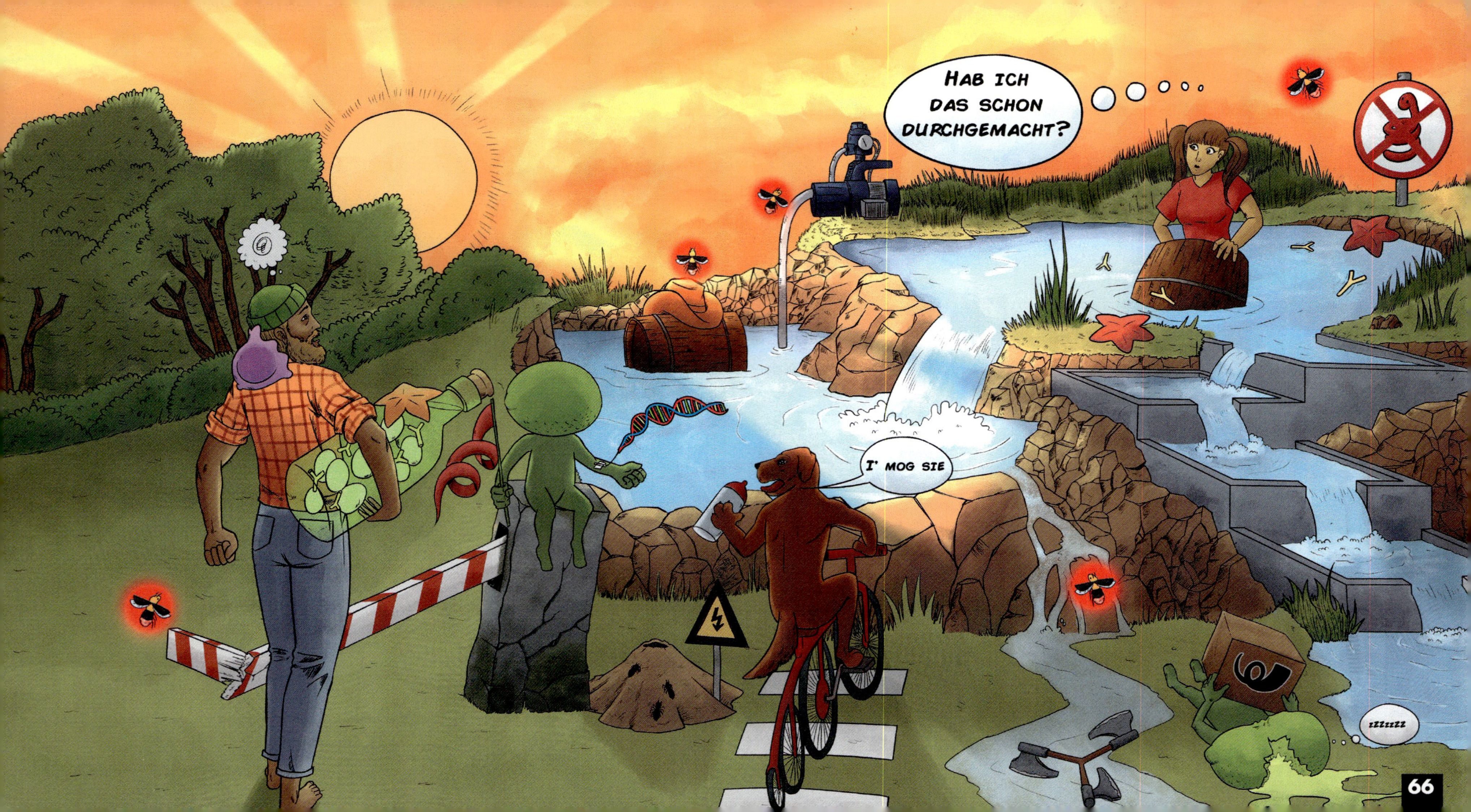
HAB ICH DAS SCHON DURCHGEMACHT?
I' MOG SIE
zzzzzz

Neurologie

Borreliose: Diagnostik und Therapie

TETANUS SARDONICUS!
IMPFEN
ALLE 10 JAHRE
MOUSE
IMPF PASS
LOKAL
ANTITOX

Neurologie — Tetanus

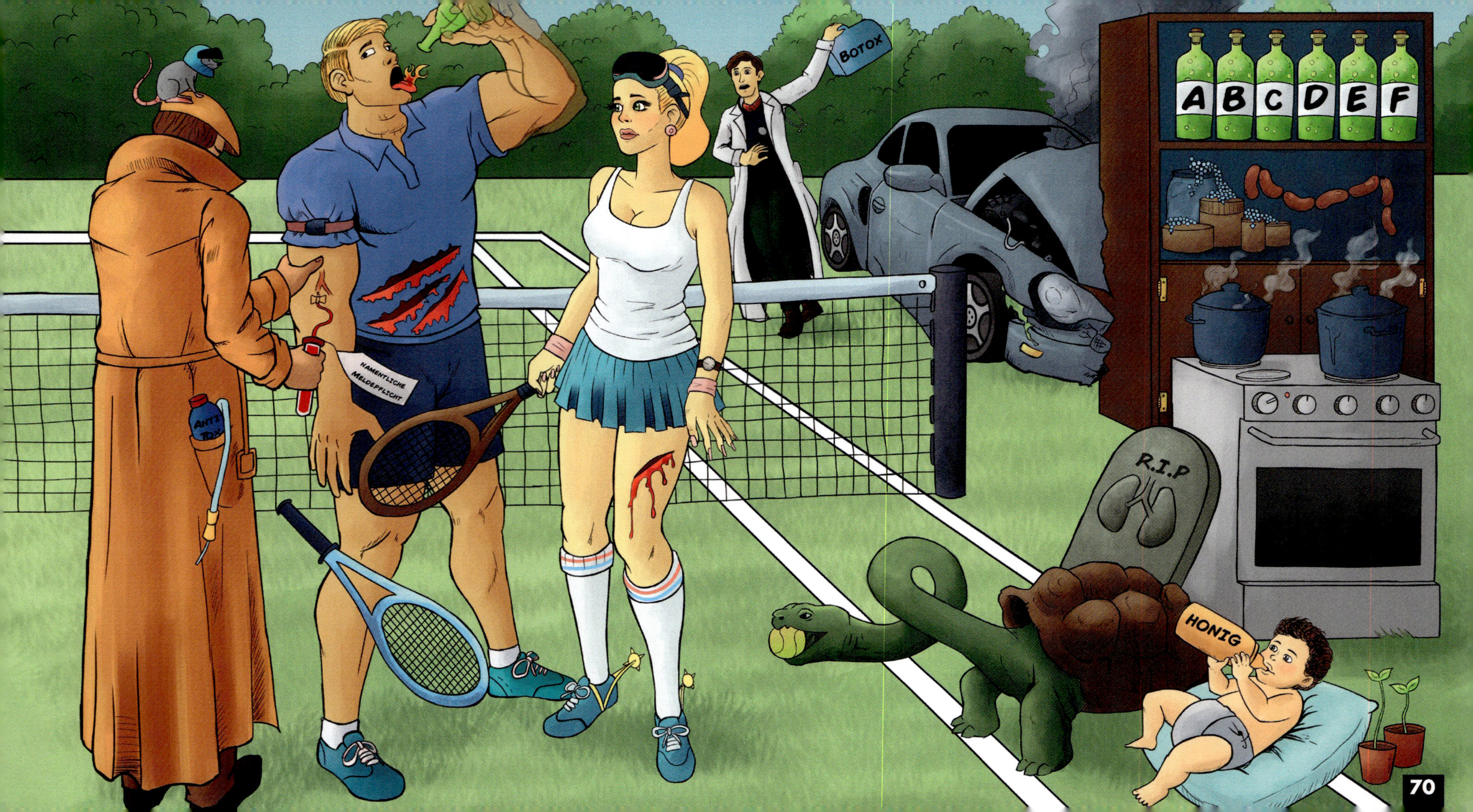
BOTOX
A
B
C
D
E
F
NAMENTLICHE MELDEPFLICHT
R.I.P
HONIG

Neurologie | Botulismus

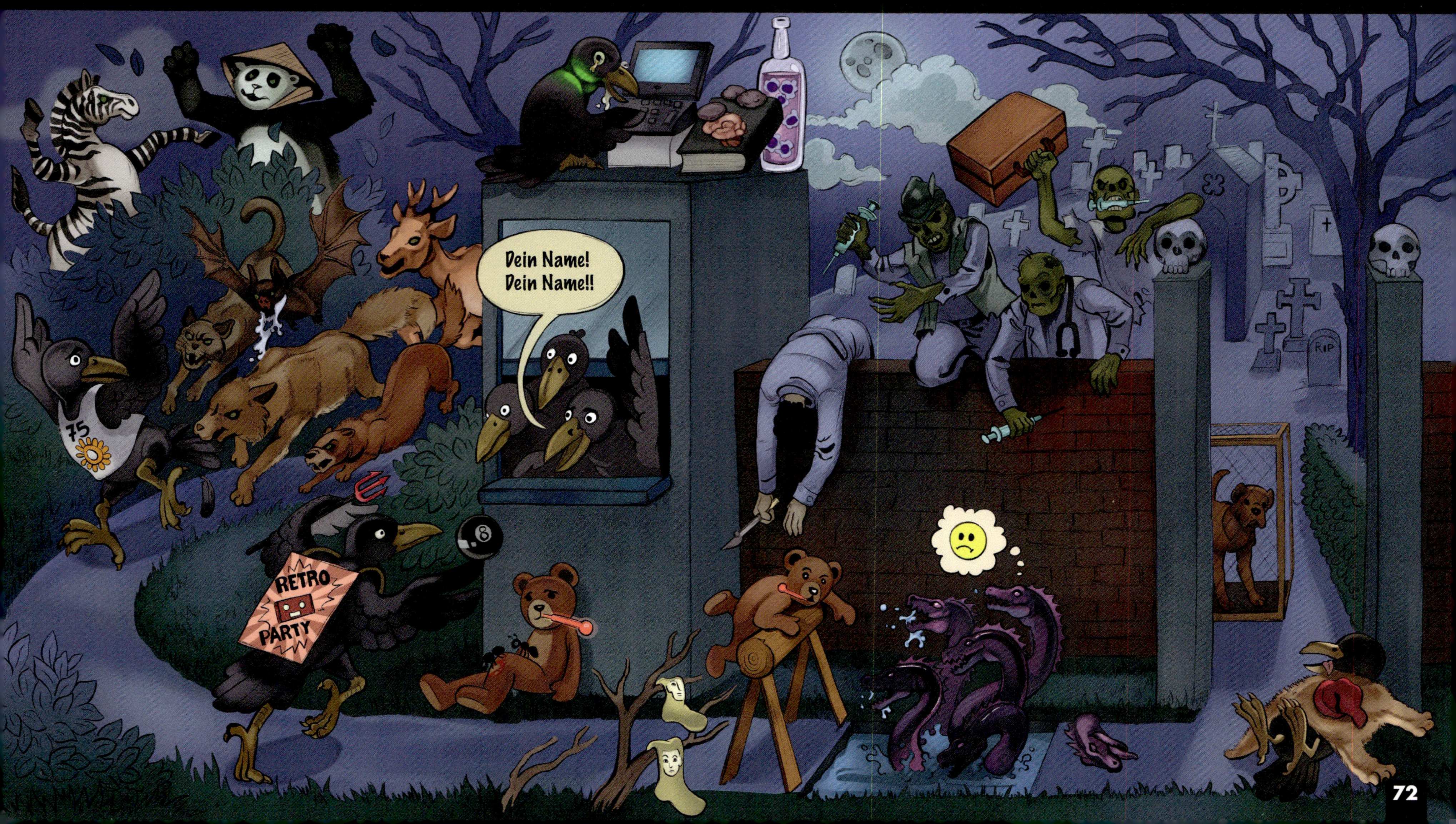
Dein Name!
Dein Name!!
RETRO
PARTY
75
RIP

Neurologie — Rabies, Tollwut

FSME
FEUER MACHEN VERBOTEN
WELCHE MÜHE...
ICH MELDE ZECKENANGRIFF AUF ROTKÄPPCHEN!
SCHNELL IMPFEN

Neurologie

FSME, Frühsommer-Meningoenzephalitis

HATCHI!
TIGER
VARI
lebenslänglich
Die Gürtelrose :
DIXI
10 JAHRE ZOO-STAR
Zn
IBUPROFEN
W
H
O

Neurologie — Herpes Zoster

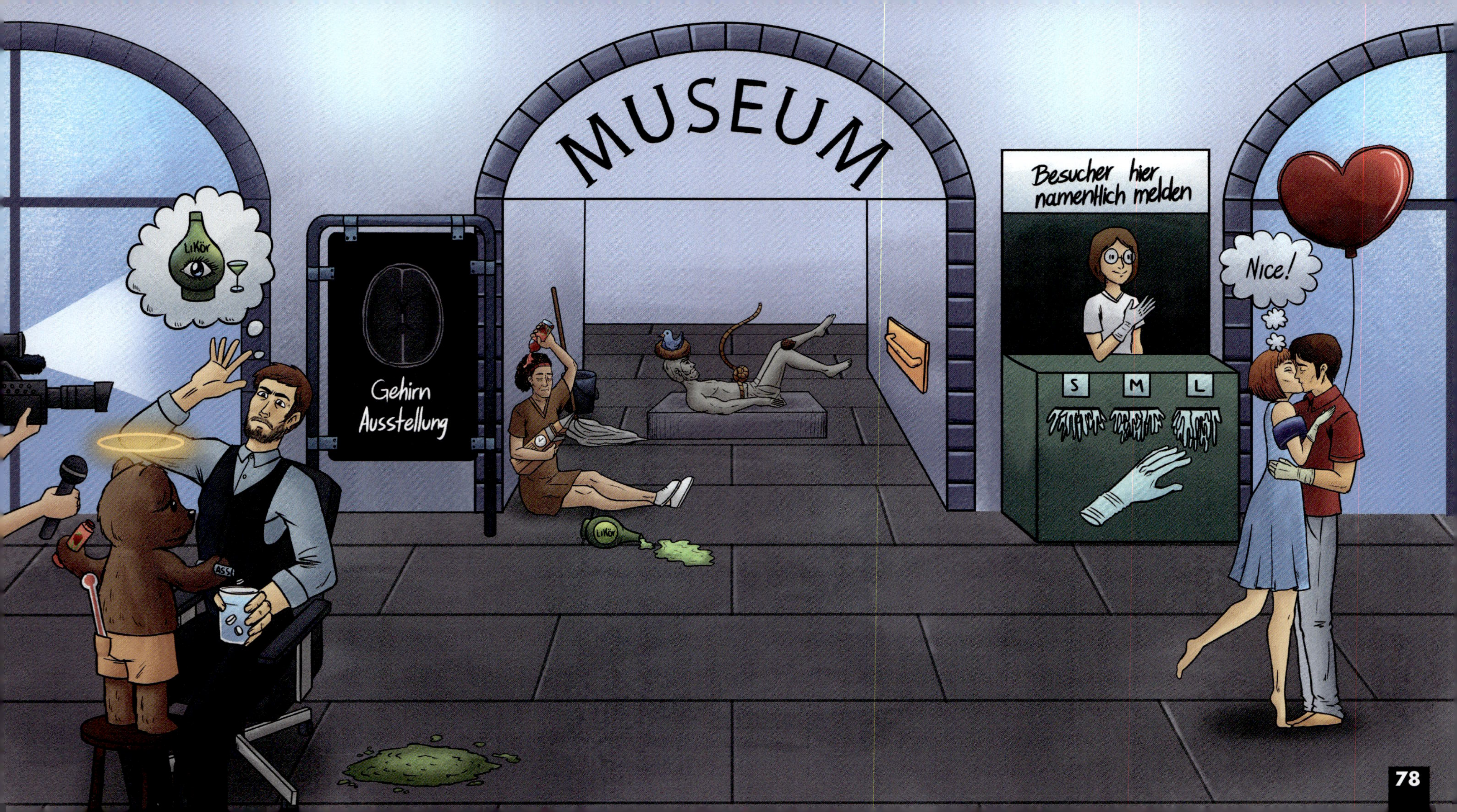
Likör
Gehirn Ausstellung
MUSEUM
Besucher hier namentlich melden
S
M
L
Nice!
Likör

Neurologie — Meningitis: Klinik und Diagnostik

80

Neurologie — Meningitis: Therapie

82

Neurologie — RLS, Restless-Legs-Synddrom

84

Reiseerkrankungen — Gelbfieber

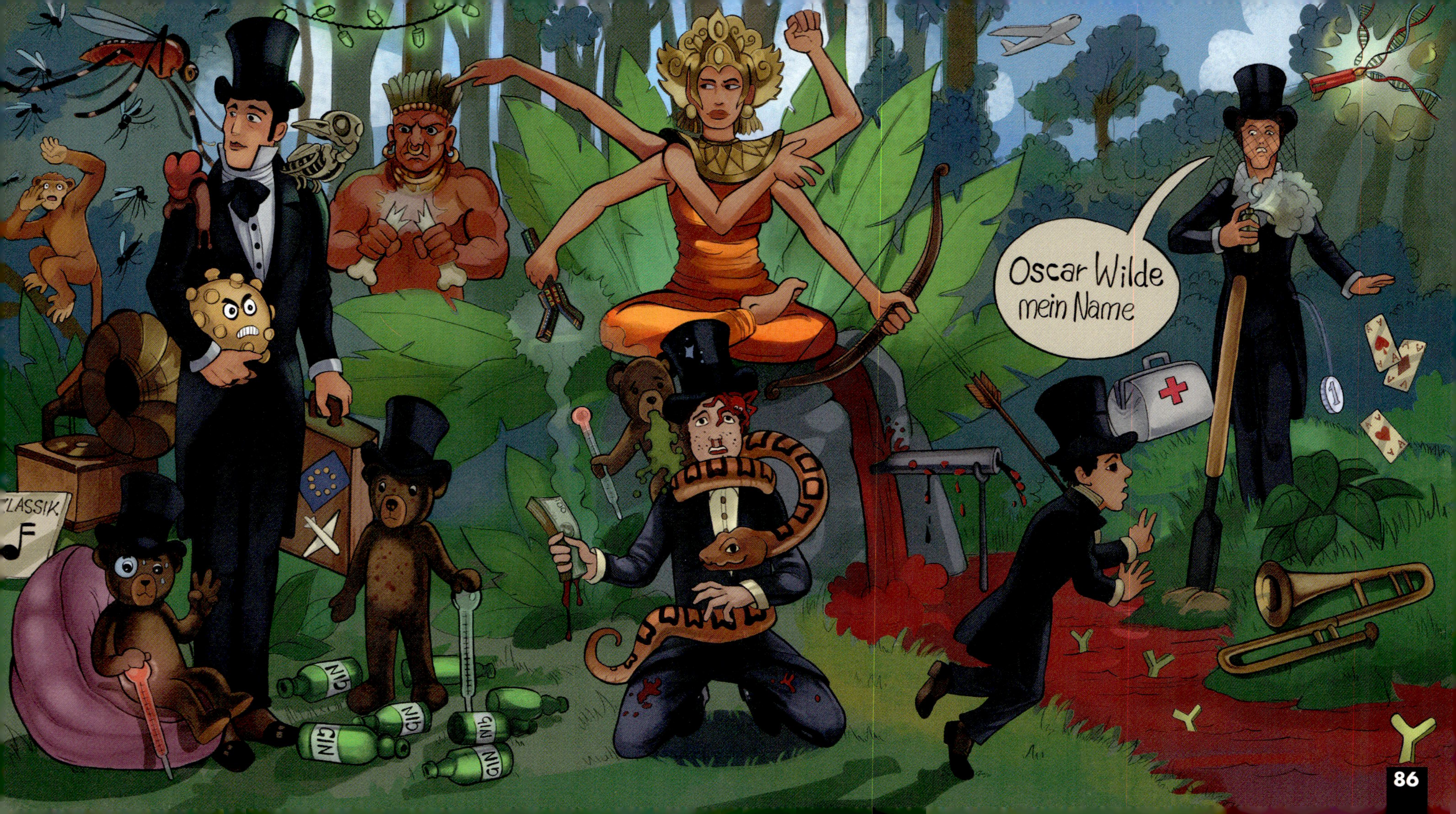
KLASSIK
Oscar Wilde mein Name
GIN
GIN
GIN
GIN
GIN

Reiseerkrankungen — Denguefieber

INDUSTRY 4.0 GERMANY
Enter
HAV·Anna
für immer satt!
WC
A+
WC
IMPF PASS
Elisa
1
31

Reiseerkrankungen — Hepatitis A

cook it, peel it or leave it!
ELISA
1/3
Ohmmmmmm
nur eine Minute chillen!
REZEPT

Reiseerkrankungen — Amöbiasis

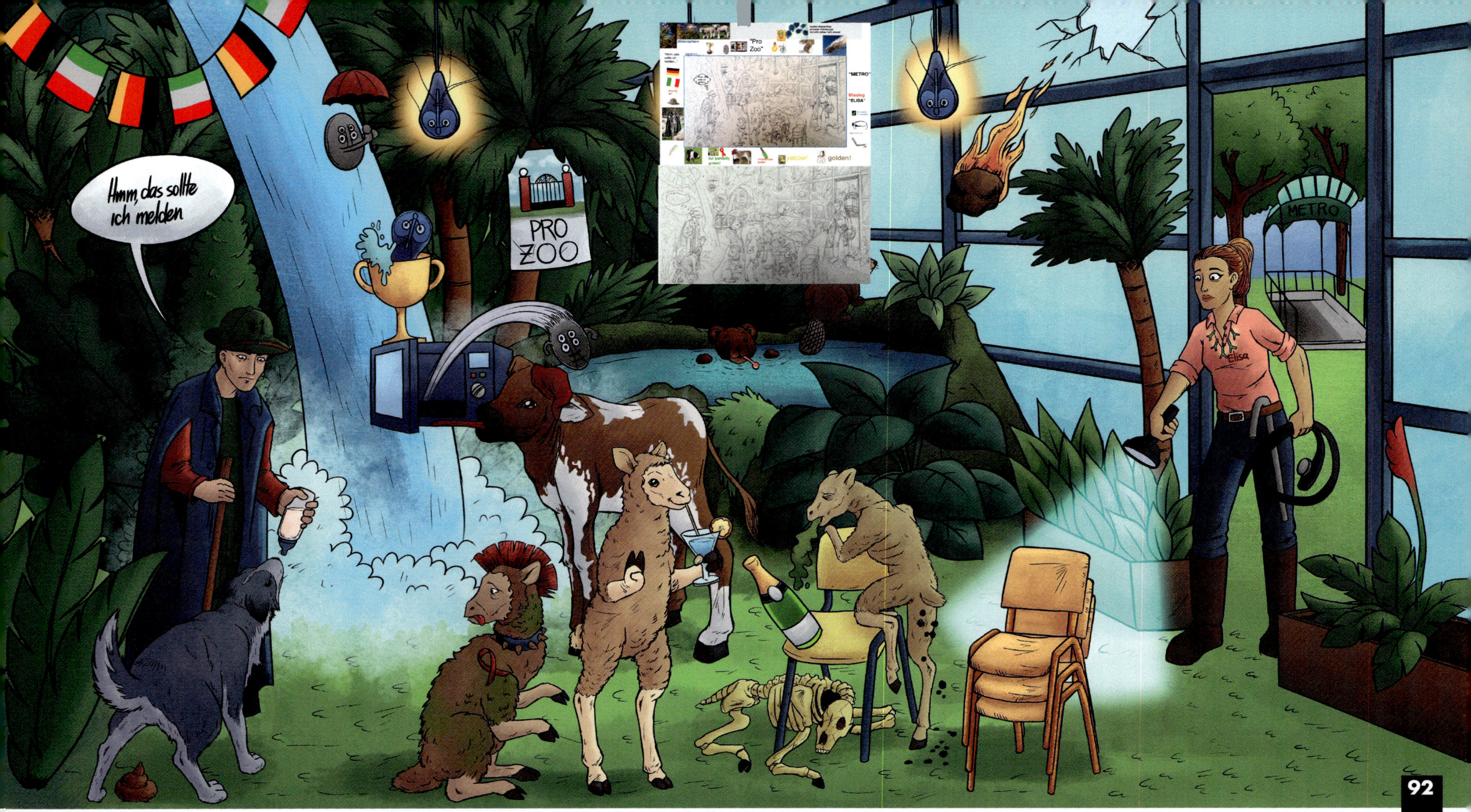
Hmm, das sollte ich melden
PRO ZOO
METRO
Elisa

Reiseerkrankungen Giardiasis

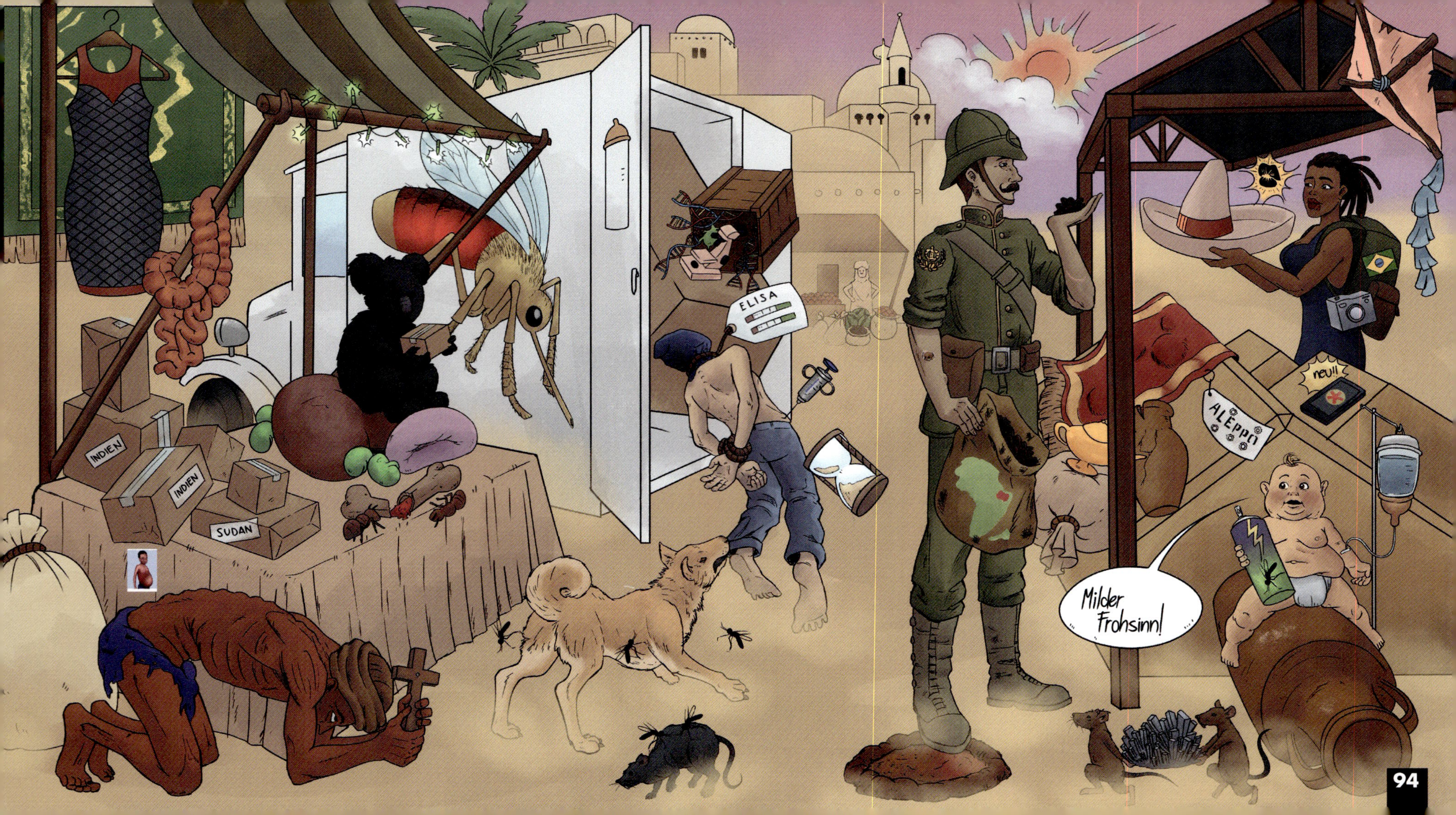
INDIEN
INDIEN
SUDAN
ELISA
neu!!
ALEPPO
Milder Frohsinn!

Reiseerkrankungen — Leishmaniose

Tschagga
zur beißenden WANZE
Elisa
Benzin nie da!
Nie fuhr Timo!
TRANSPLANT
Chagooooom

Reiseerkrankungen — Chagas, Amerikanische Trypanosomiasis

Nie fuhr Timo!

Reiseerkrankungen Schlafkrankheit, Afrik. Trypanosomiasis

100

Reiseerkrankungen — Schistosomiasis, Bilharziose

Ich Komme in 5 Minuten wieder!
So verlierst du deinen Job! ... Ich werde das melden!!
Nur noch eine Woche...
DAUER CAMPING

Gastro — Campylobacter-Enteritis

WC
AUG
TÜN
WIE IST IHR NAME? DAS WERDE ICH MELDEN!
Happy Salmon
ENTERTHIS
SCHEIß SYSTEM!

Gastro — Salmonellose

105

TYPH-HUUS
TERMINE ALLE 1-3 WOCHEN
RELATIV
KIOSK
DA MUSS ICH MIR DEN NAMEN NOTIEREN.

Gastro — Typhus / Paratyphus

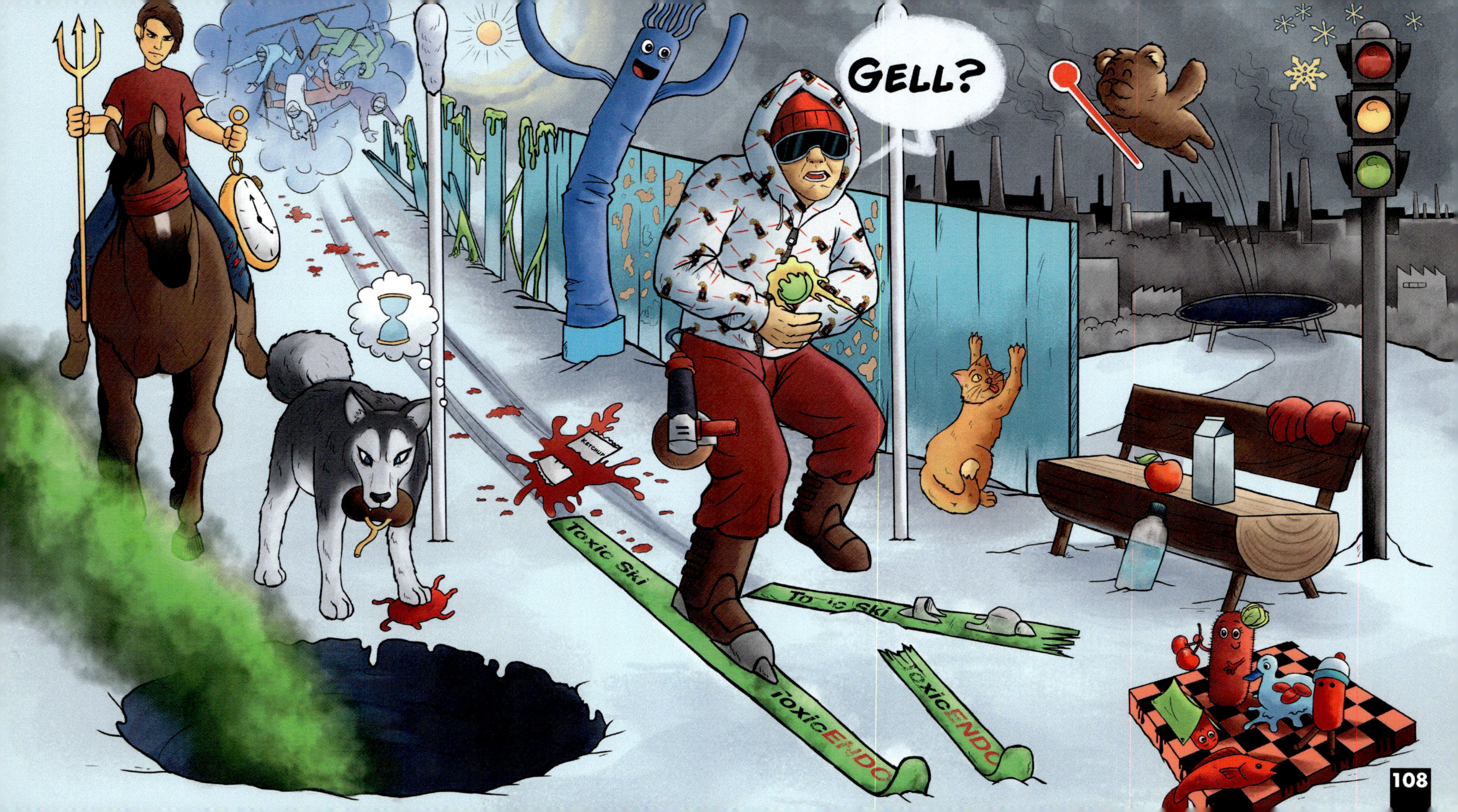
GELL?
KETCHUP
Toxic Ski
ToxicENDO
ToxicENDO

Gastro | Shigellose

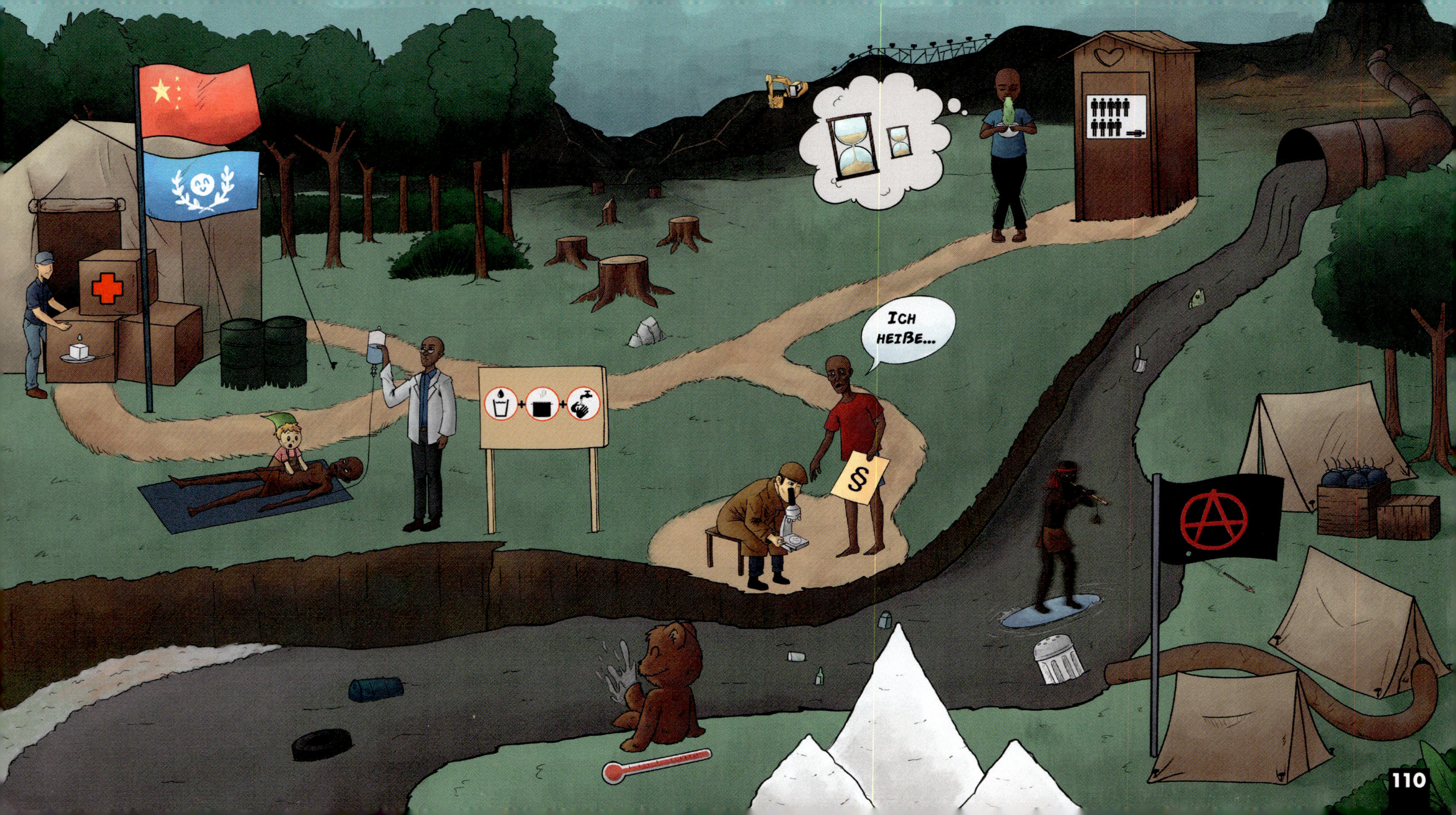
ICH HEIßE...

Gastro   Cholera

Ich bin hier falsch...
PAUL
Omas können helfen
IGNATZ
AC
URI-75*
TWEETY
Immer wieder sonntags...
ALVIN
FEB 2
MAI 15
SEP 24

Gastro — E. coli: ETEC, EPEC, EIEC, UPEC, EAEC

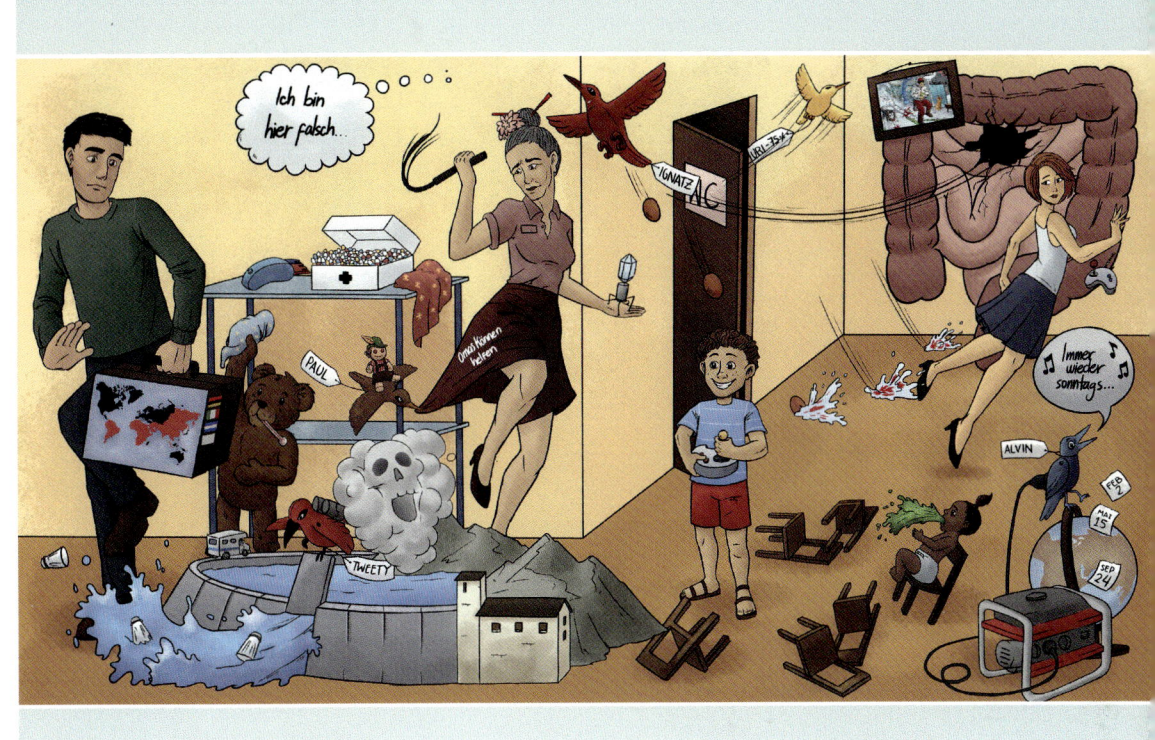

Hansi meldet Husky!
BLOODY HANSI
TYP
O157TYP
TOXIC
Mensch, Mensch ist der Klein!
ELISA
1 PENNY
MILCH
KABA KAKAO
KABA KAKAO

Gastro   E. coli: EHEC und HUS

116

Gastro — Morbus Whipple

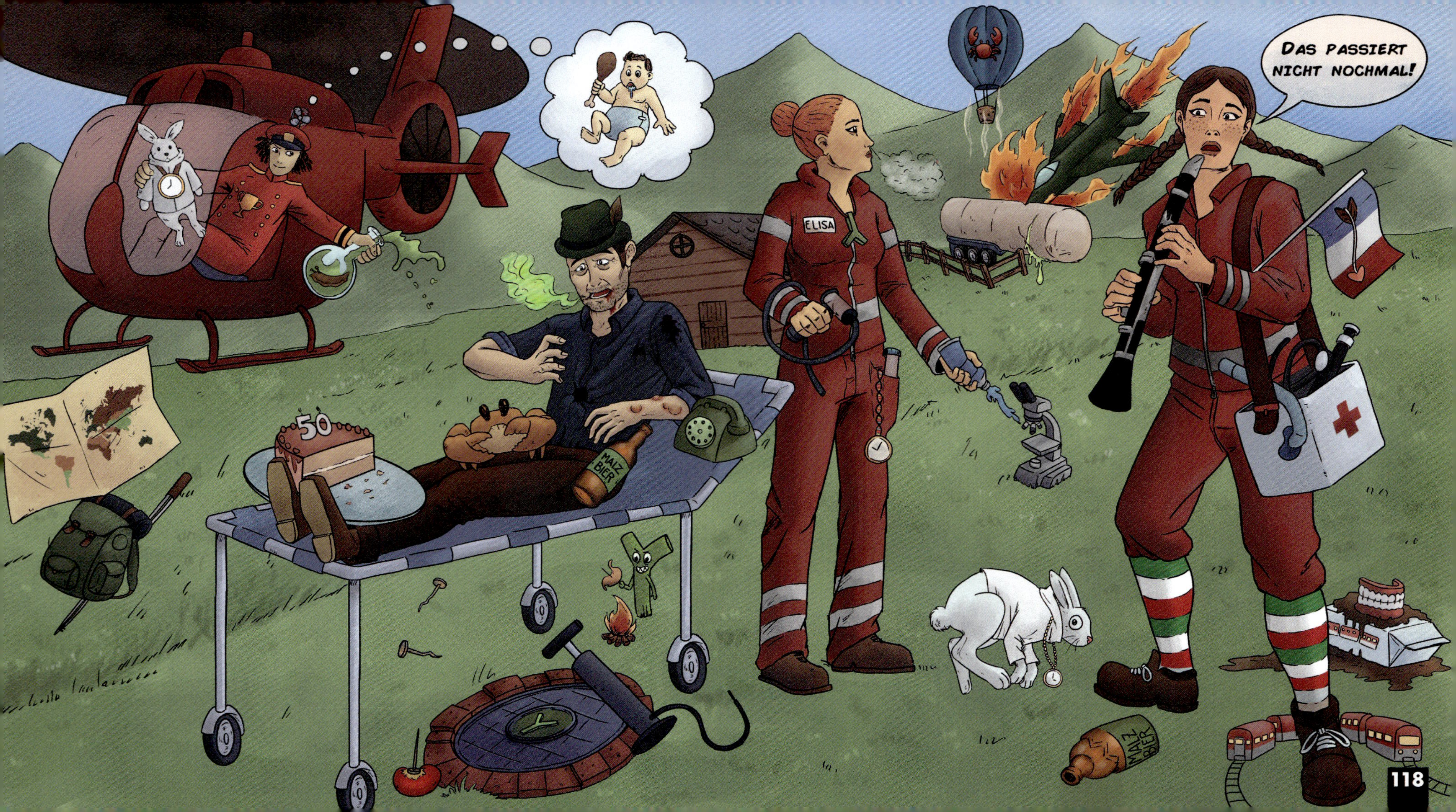
DAS PASSIERT NICHT NOCHMAL!
ELISA
50
MALZ BIER
MALZ BIER

Gastro — Helicobacter pylori

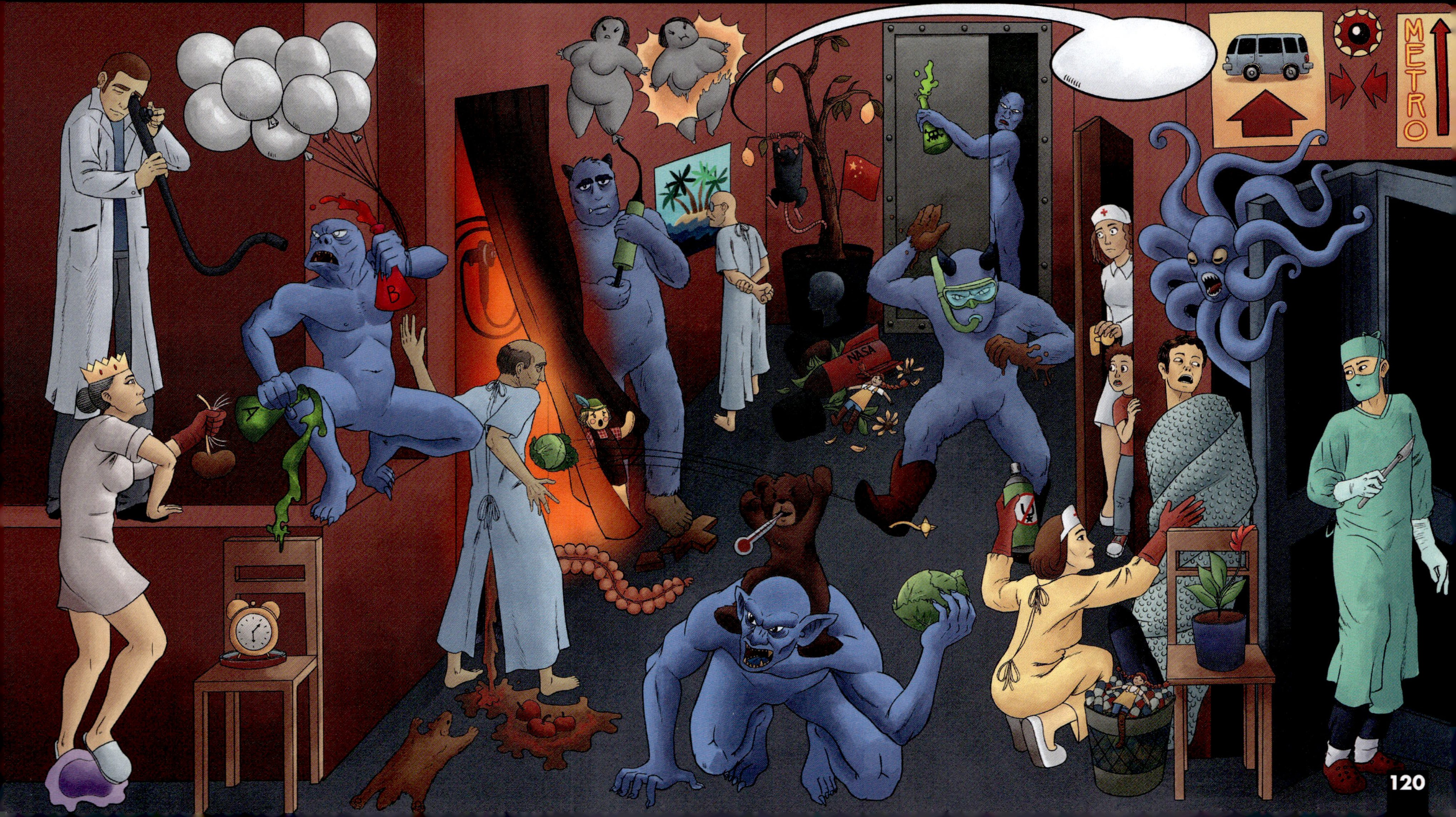
METRO
NASA
A
B

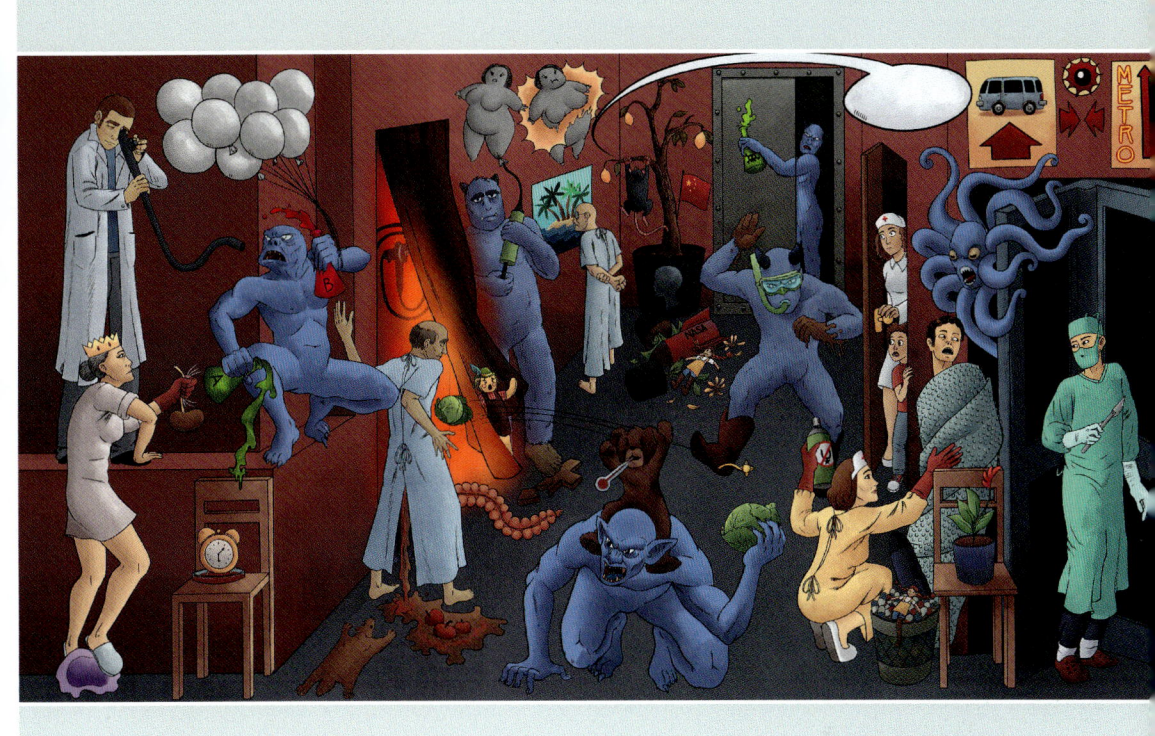

Gastro
CDAD, Clostridium-difficile-assoziierte Diarrhö

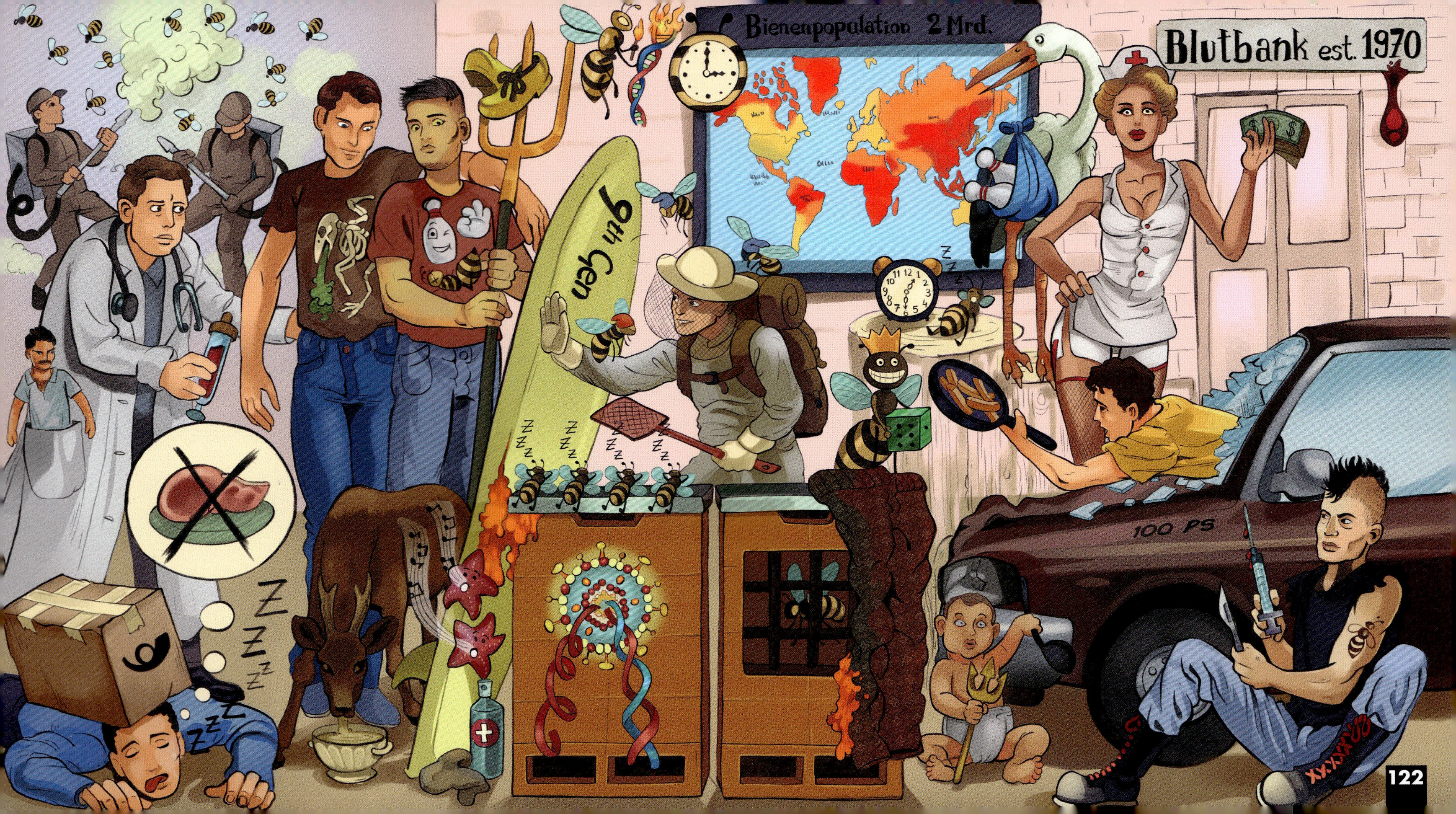
Bienenpopulation 2 Mrd.
Blutbank est. 1970
9th Gen
100 PS

Gastro Hepatitis B: Erreger und Klinik

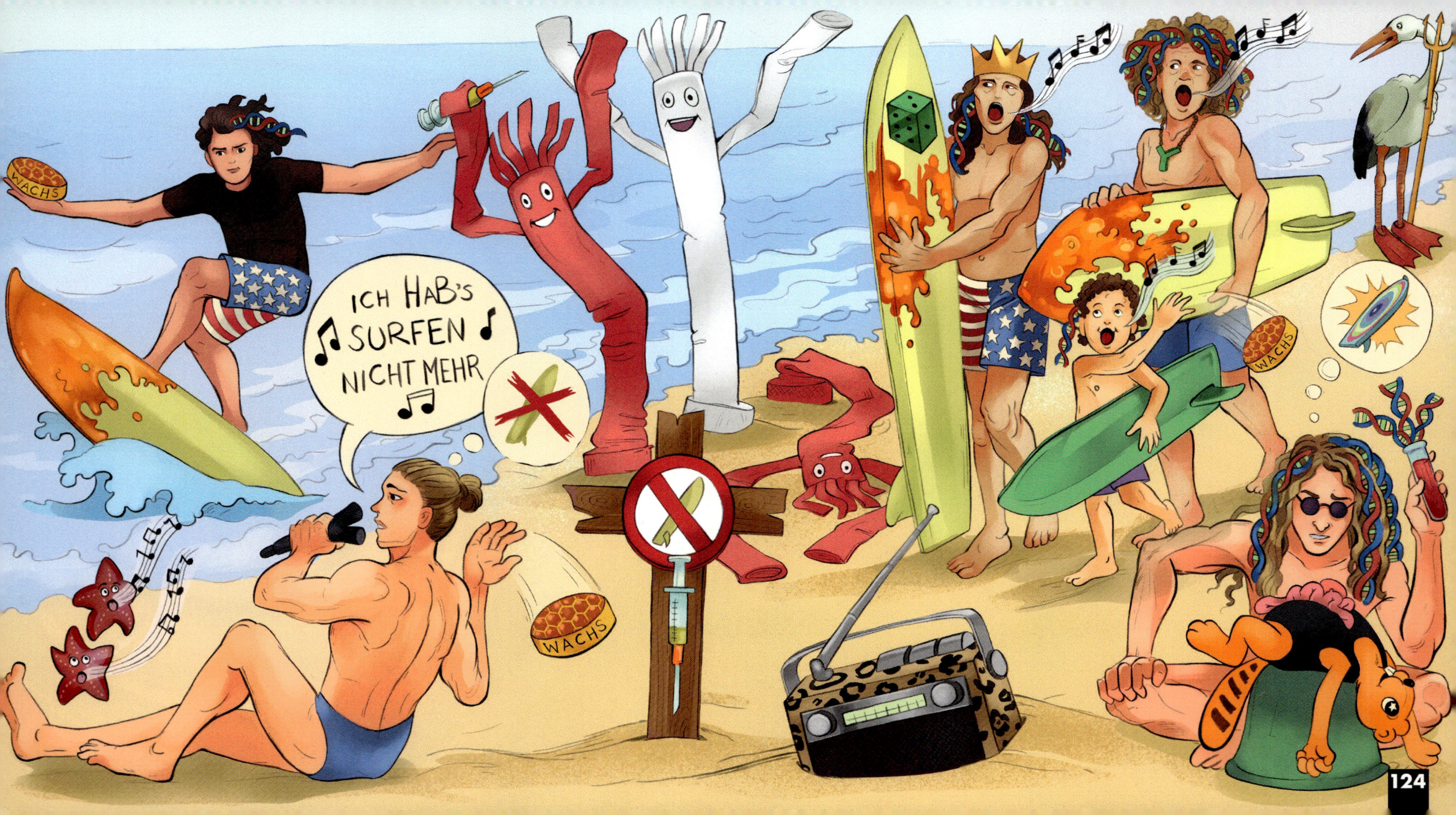
WACHS
ICH HAB's SURFEN NICHT MEHR
WACHS
WACHS

Gastro   Hepatitis B: Diagnostik

HIER ALPHA-GRUPPE-CODE 48!
HUMAN ORGAN FOR TRANSPLANT
NH3
NOT
BIER

Gastro

Hepatitis B: Therapie

128

Gastro

Hepatitis C: Erreger und Klinik

130

Gastro

Hepatitis C: Diagnostik und Therapie

132

Gastro Norovirus

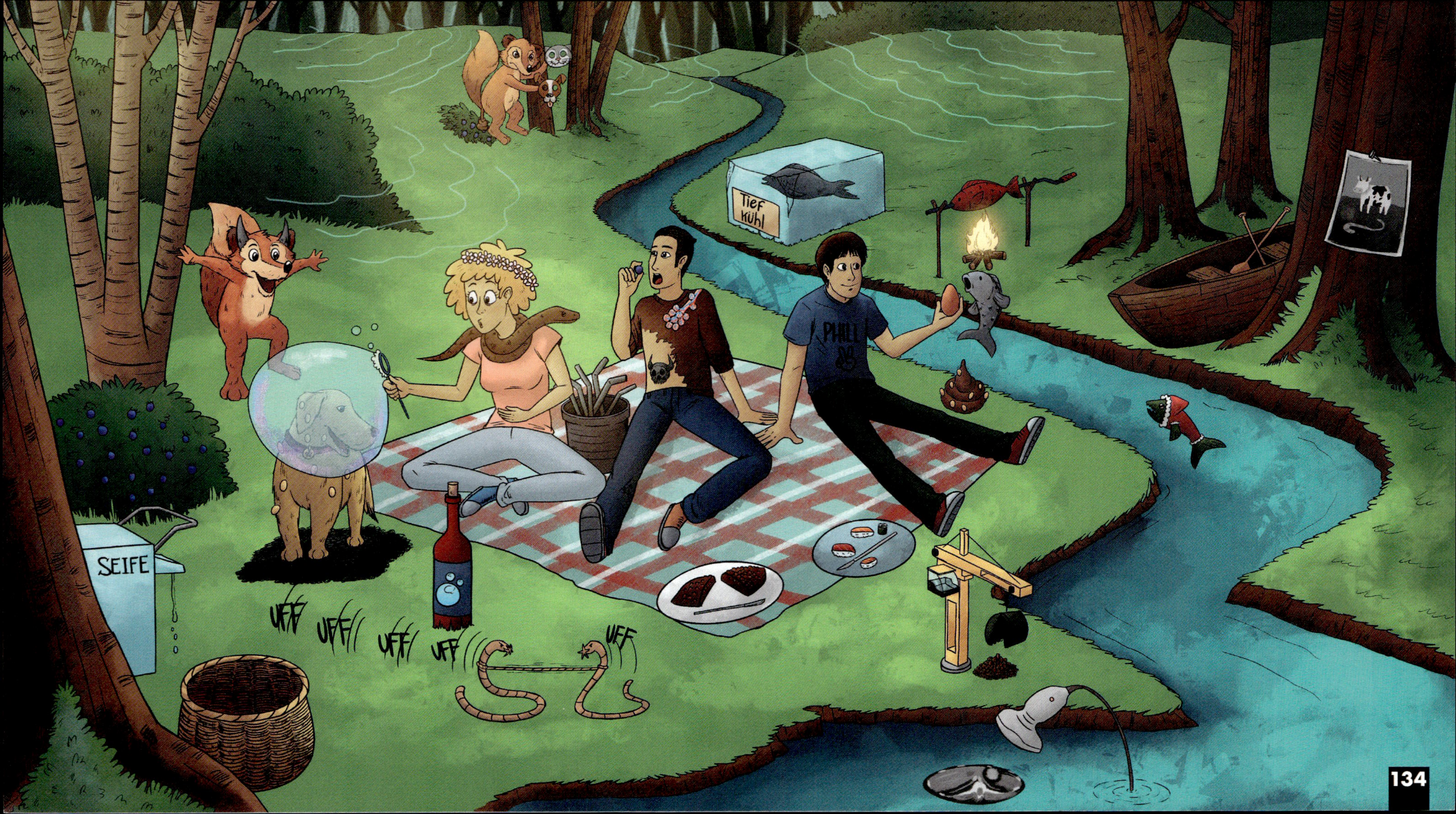

SEIFE
Tief kühl
PHIL
UFF
UFF
UFF
UFF
UFF

Gastro

Hunde-, Fuchs- und Fischbandwurm

136

Gastro   Morbus Crohn: Klinik

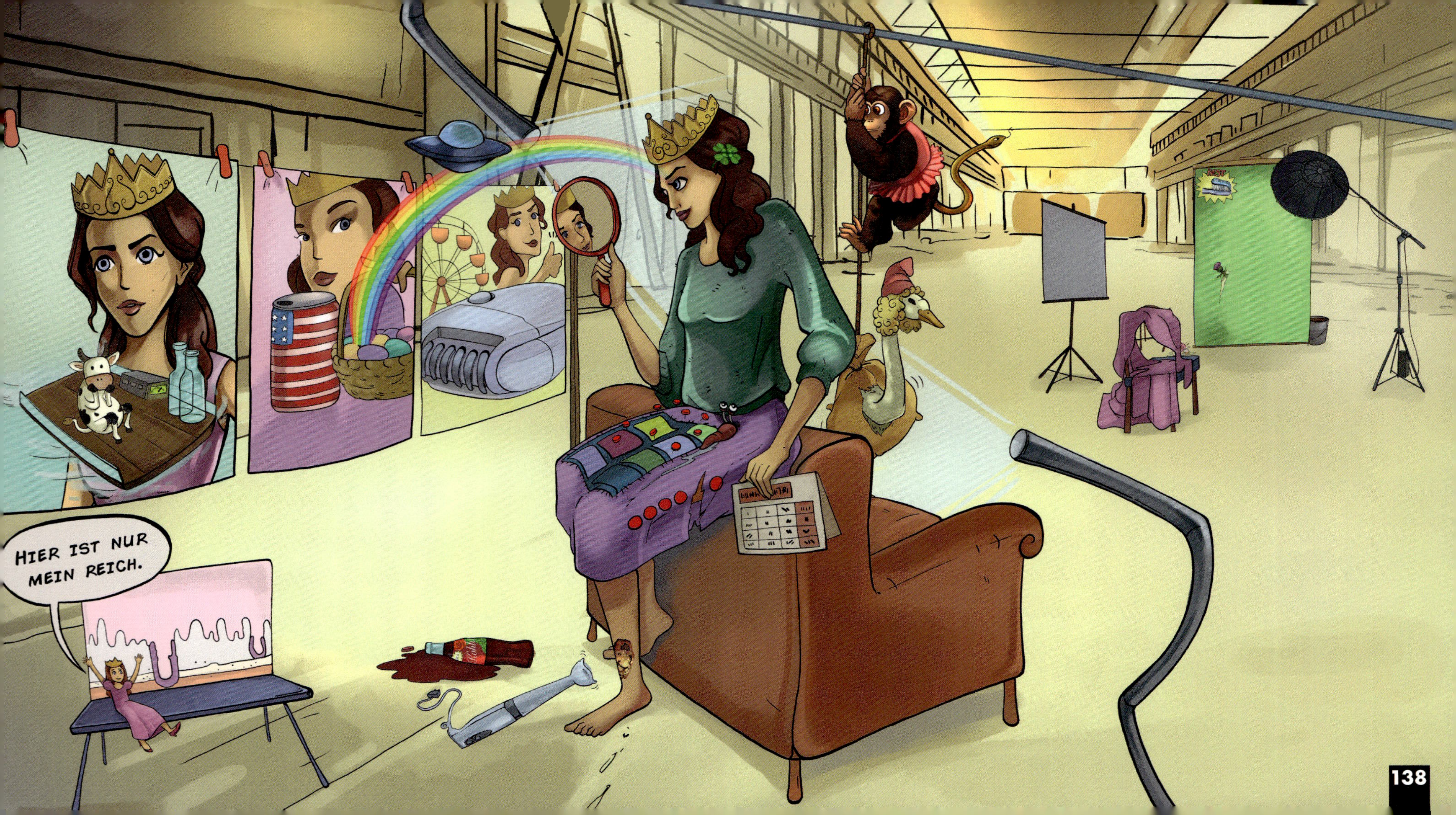
HIER IST NUR MEIN REICH.

Gastro — Morbus Crohn: Diagnostik

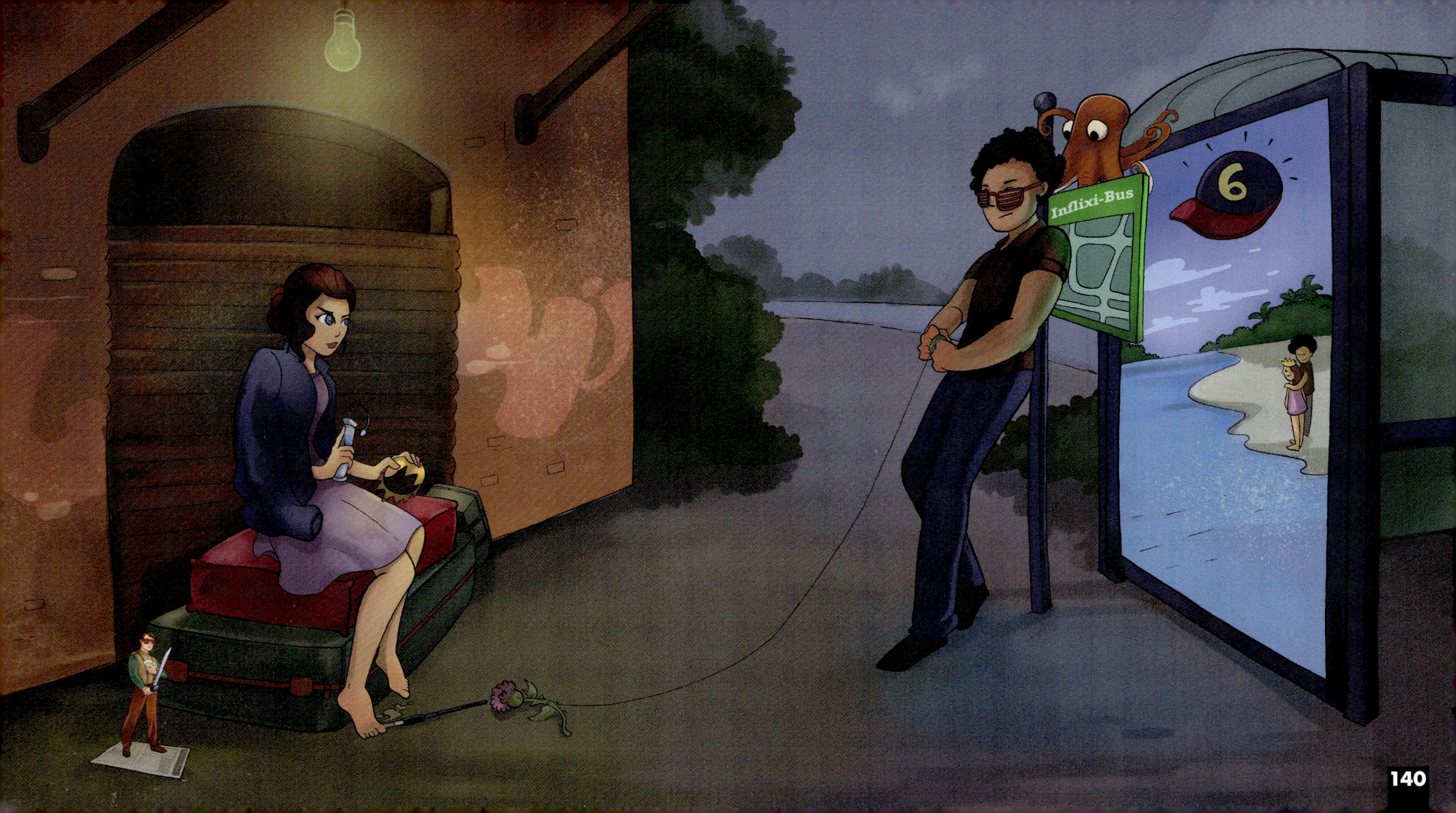
Inflixi-Bus
6

Gastro | Morbus Crohn: Therapie

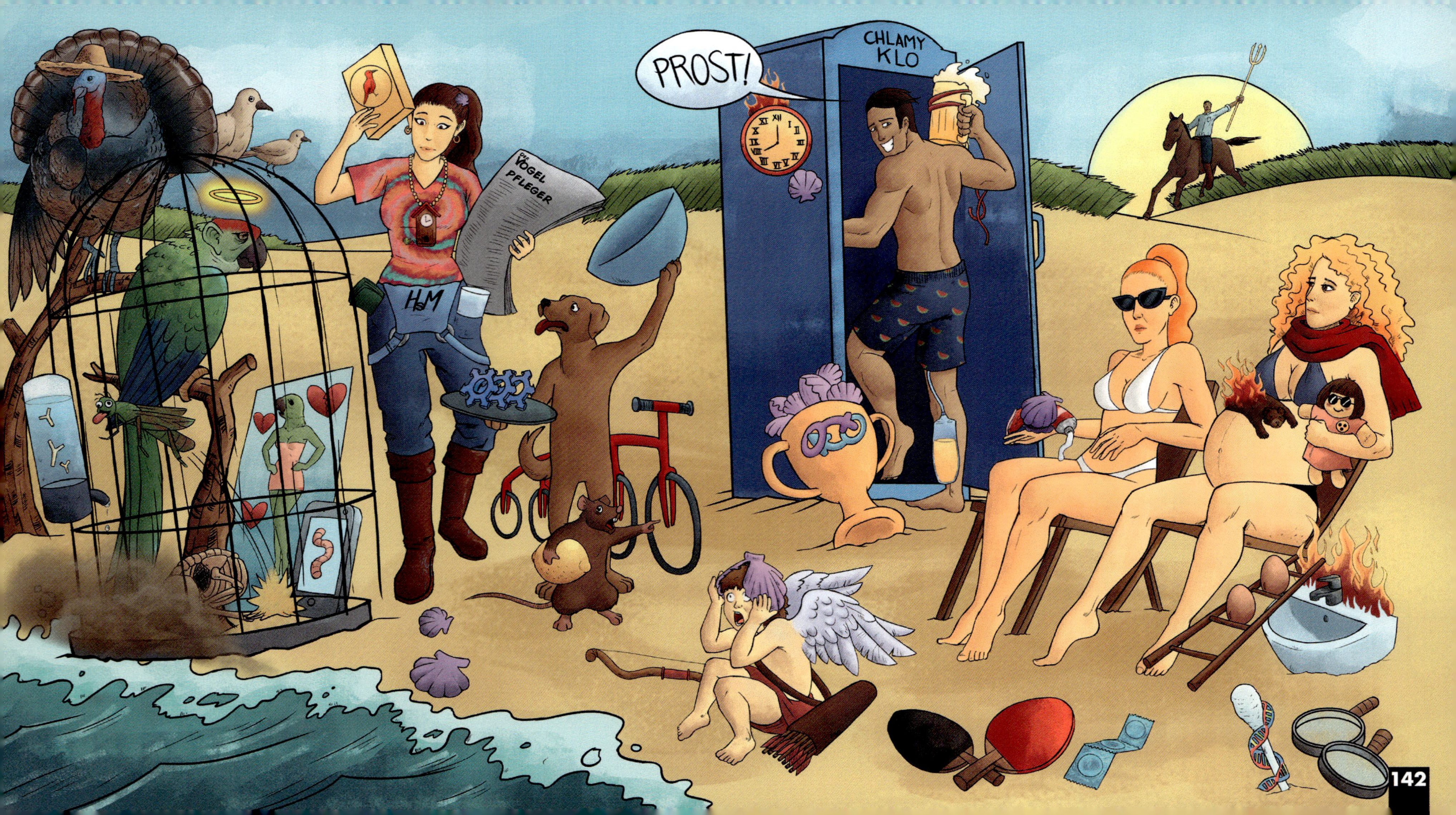
PROST!
CHLAMY KLO
VOGEL PFLEGER

Pneumologie — Ornithose / Urogenitale Chlamydieninfektion

Schnee von gestern?
Ne, seit 3 Wochen...
Nomen est omen
*Der Name ist ein Zeichen
SPQR
X II
Pontus III

Pneumologie — Legionellose

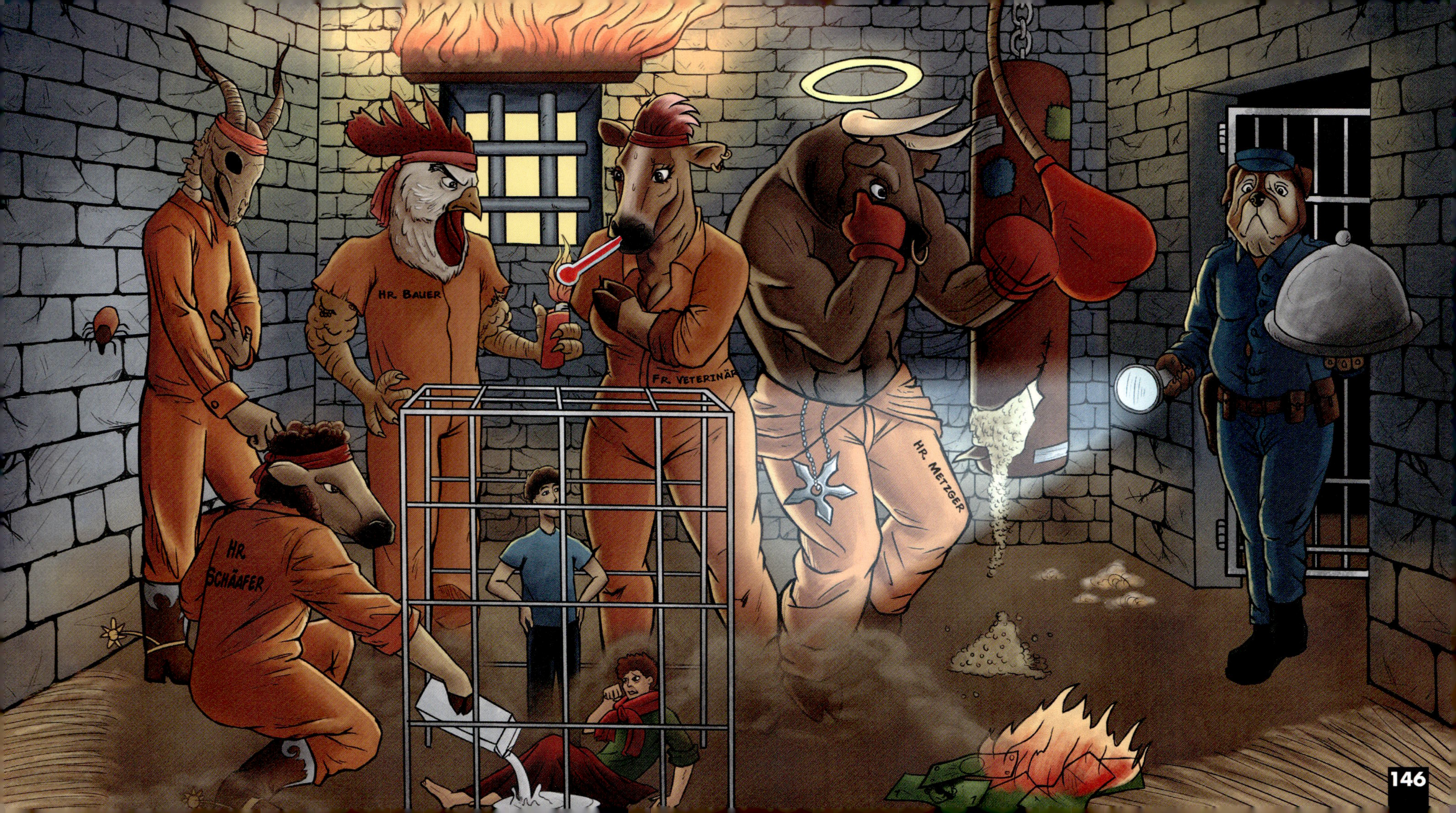
HR. SCHÄAFER
HR. BAUER
FR. VETERINÄR
HR. METZGER

Pneumologie Q-Fieber

148

Pneumologie

TB: Erreger, Primäre und Sekundäre TB

150

Pneumologie

TB: Miliar- und extrapulmonale TB

152

Pneumologie — TB: Diagnostik und Therapie

154

Pneumologie — Hantavirus

4:00 min
0:00 sec
Machen wir schnell den Test! Wer meldet sich freiwillig?
Super!
The influencer auf Welttournee!
H
N
H1
N1
Diese Saison Ermäßigung für RENTNER, ÄRZTE, SCHWANGERE & ASTHMATIKER
A
B

Pneumologie

Influenza

158

Pneumologie   Aspergillose

I'll be back!
PJP
Untypisch...
Wir schaffen's auch allein!
O2
Da hast Du's, Sohn!

Pneumologie — PJP, Pneumocystis jiroveci Pneumonie

162

Pneumologie — Sarkoidose: Klinik

164

Pneumologie — Sarkoidose: Diagnostik und Therapie

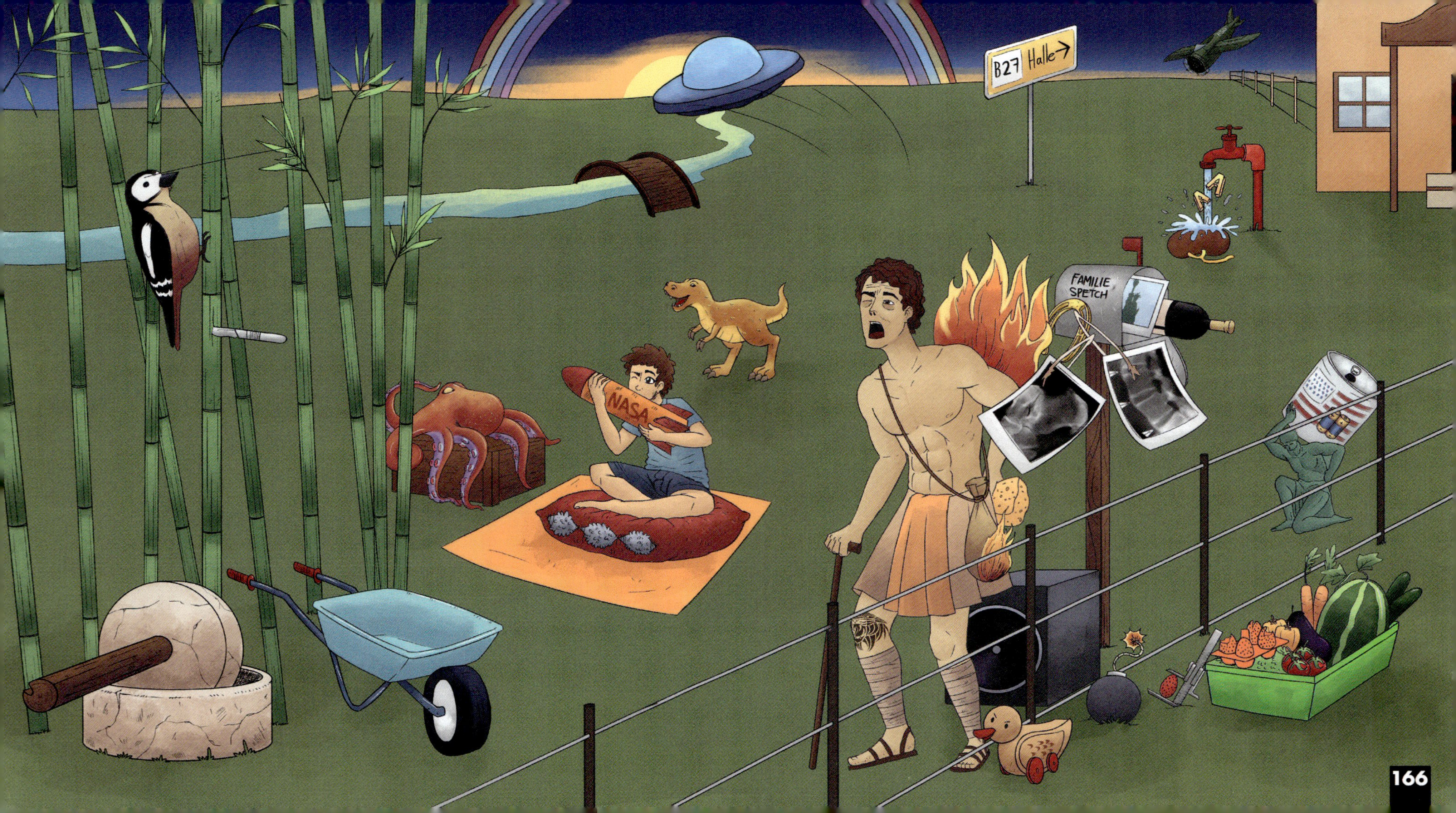

B27 Halle
FAMILIE SPECHT
NASA

Rheumatologie — Axiale Spondylarthritis, Morbus Bechterew

168

Rheumatologie — Kawasaki-Syndrom

Prima...
Ej mach besser die Ro-
lla-den anständig hoch,
man sieht ja gar nichts!
In 50 Tagen Räumung!

Rheumatologie — Sjögren-Synddrom

Wir tanzen langsam

Rheumatologie — Endokarditis

I'mog sie!
30
Kuchen Depot
Reserviert Jones
2x SPECK
1x SPECK
+2 Beilagen
ANITSCHKOW
EKG VON LONG PEE Q
Hast du den Arsch offen?
du lügst, Long Pee Q!
das gibt Riesenabstriche!
LONG PEE Q
C.R.P
GAS HERO
letzte Inspektion vor 3 Wochen
Heumatix Kochstelle

Rheumatologie — Rheumatisches Fieber

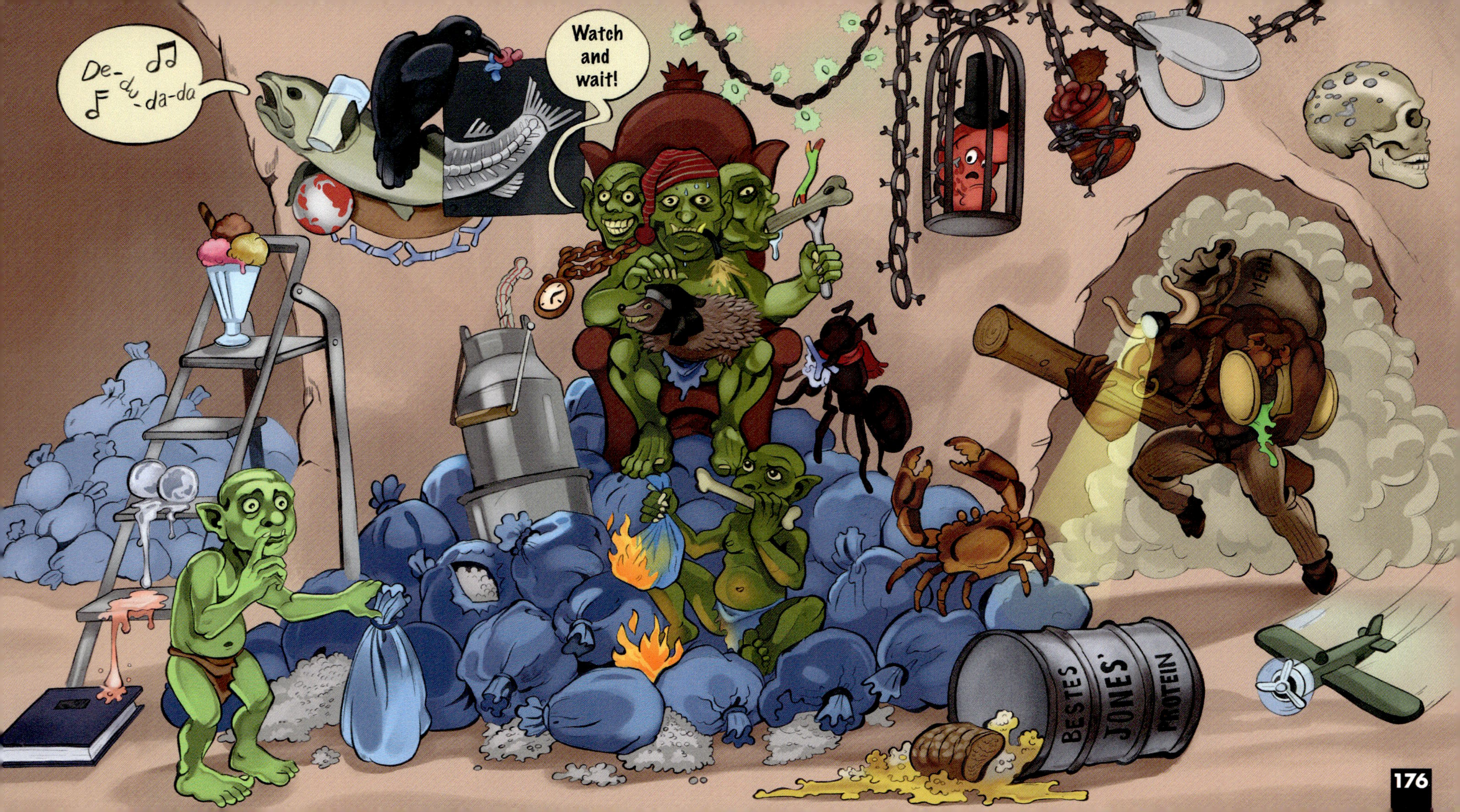
De-du-da-da
Watch and wait!
MEHL
BESTES JONES' PROTEIN

Hämato/Onko — Multiples Myelom

Going down, down, down, ...
Louis Bar
No°1 in space since 3 - 5 years!
Symptome? Space-ANT!
Ouch!
PAS
I'm a tiny camel!
*(Imatinib)

| Hämato/Onko | ALL, Akute lymphatische Leukämie |

180

Hämato/Onko — AML, Akute myeloische Leukämie

mit 19
mit 20
mit 23
Dell 17"
80
Me cool, itch
NICHT GENUG ANTIKÖRPER
Gamma-Banden verlieren
Bin it!

Hämato/Onko — CLL, Chronische lymphatische Leukämie

184

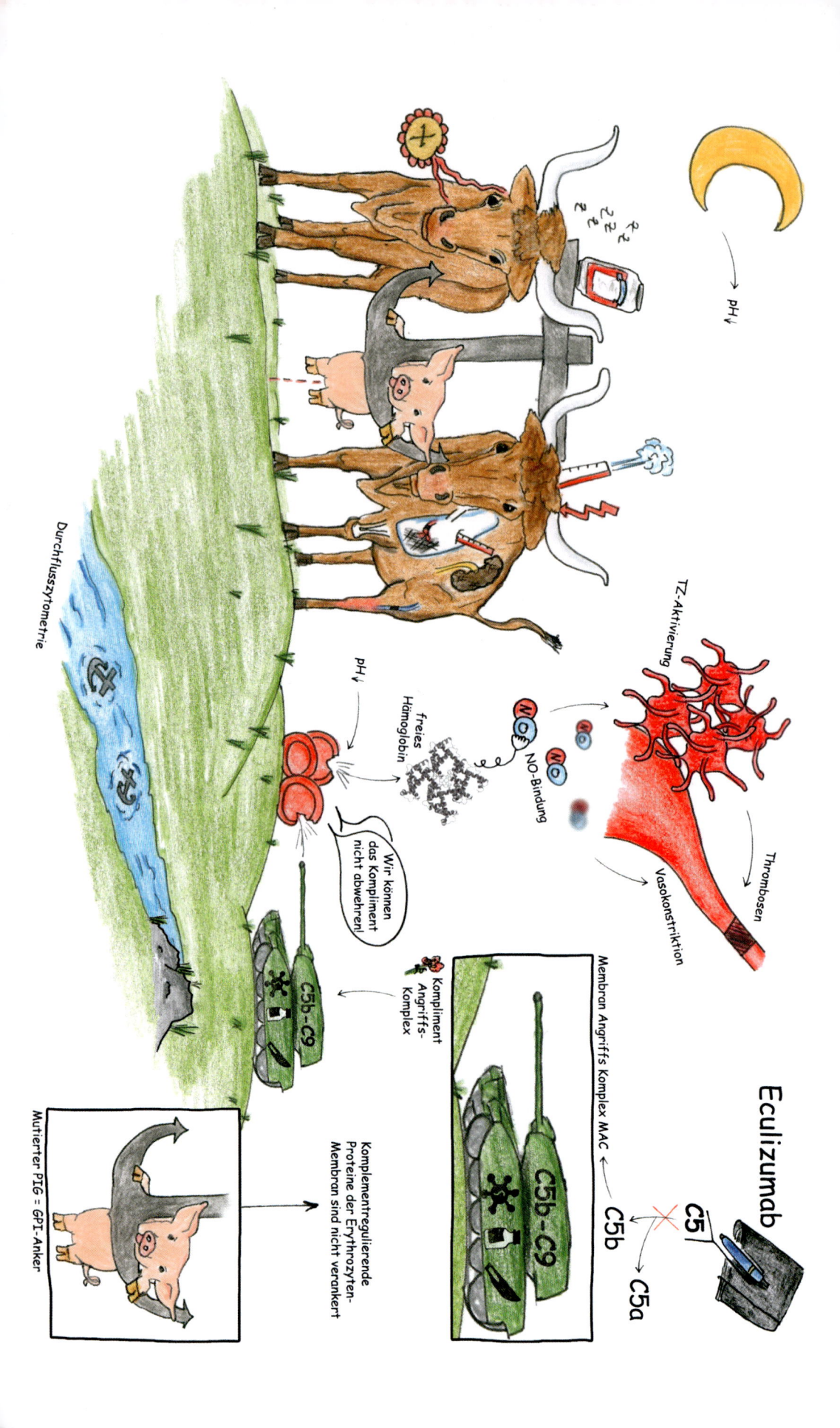

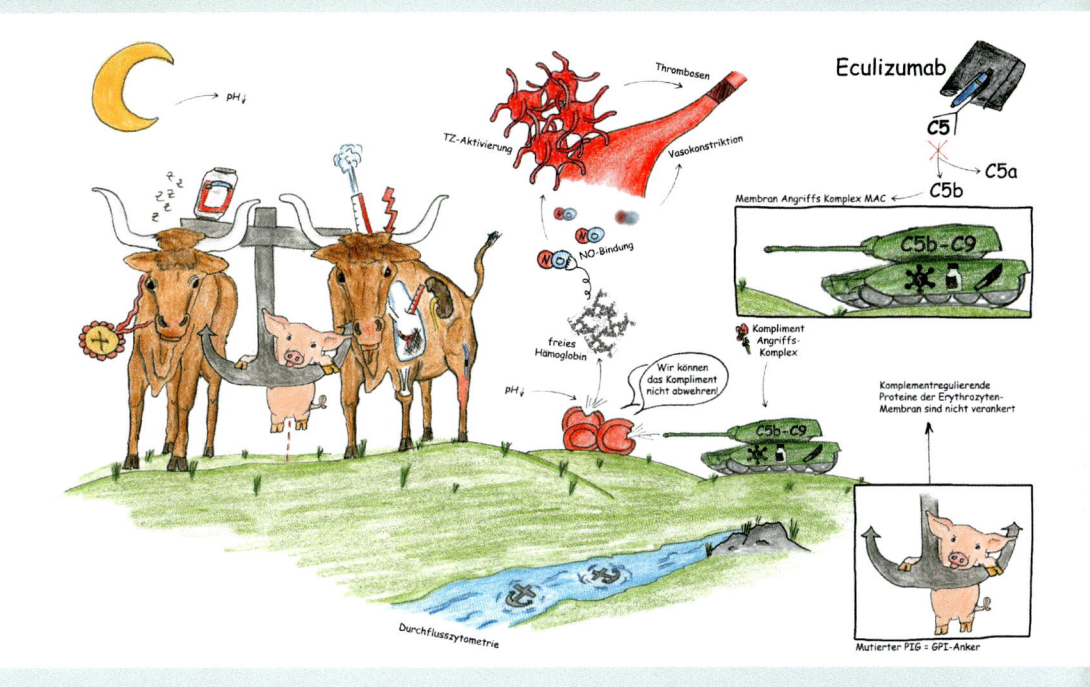

Hämato/Onko — PNH, Paroxysmale nächtliche Hämoglobinurie

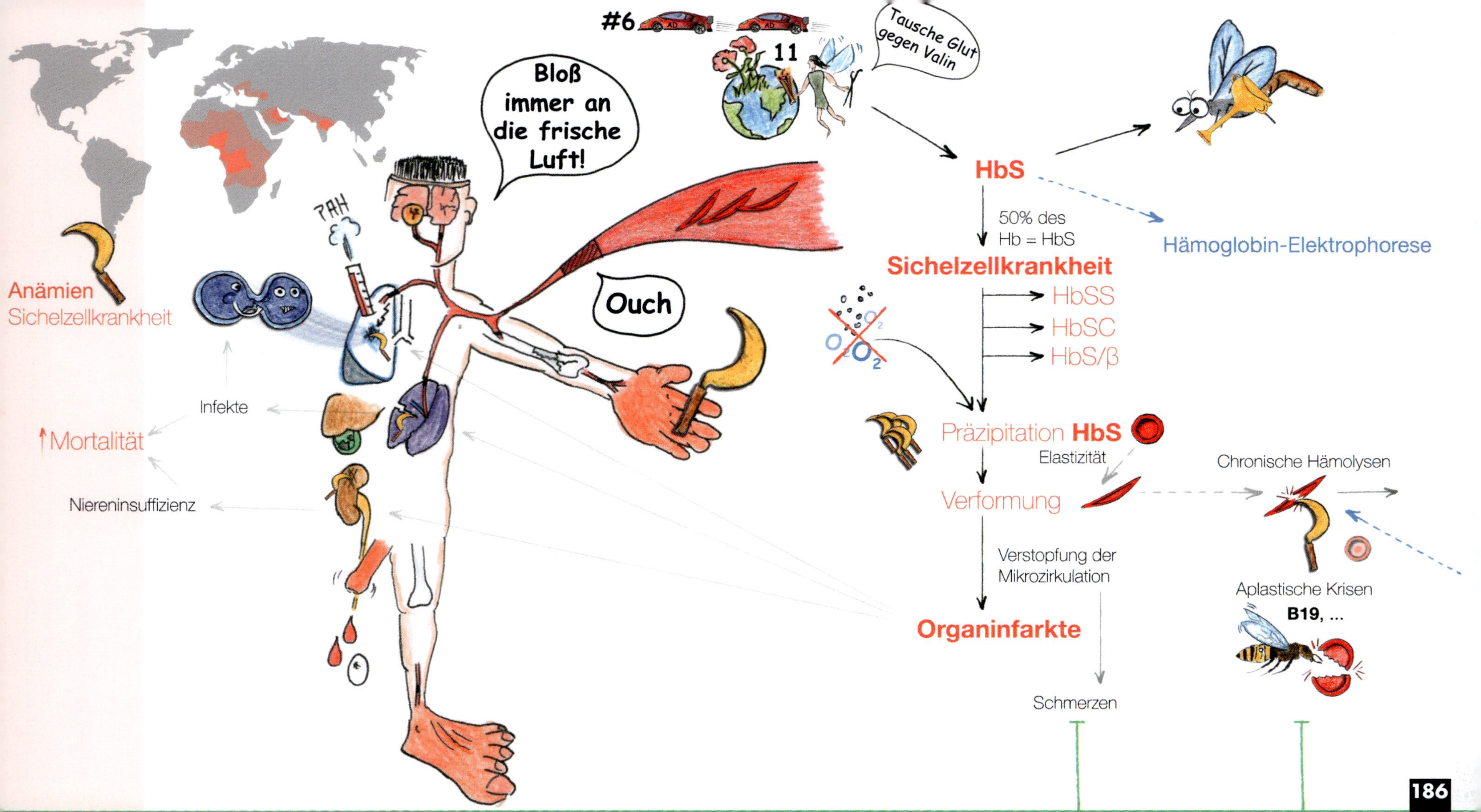
Anämien
Sichelzellkrankheit
↑Mortalität
Infekte
Niereninsuffizienz
PAH
Bloß immer an die frische Luft!
Ouch
#6
11
Tausche Glut gegen Valin
HbS
50% des Hb = HbS
Hämoglobin-Elektrophorese
Sichelzellkrankheit
HbSS
HbSC
HbS/β
Präzipitation HbS
Elastizität
Verformung
Verstopfung der Mikrozirkulation
Organinfarkte
Schmerzen
Chronische Hämolysen
Aplastische Krisen
B19, ...

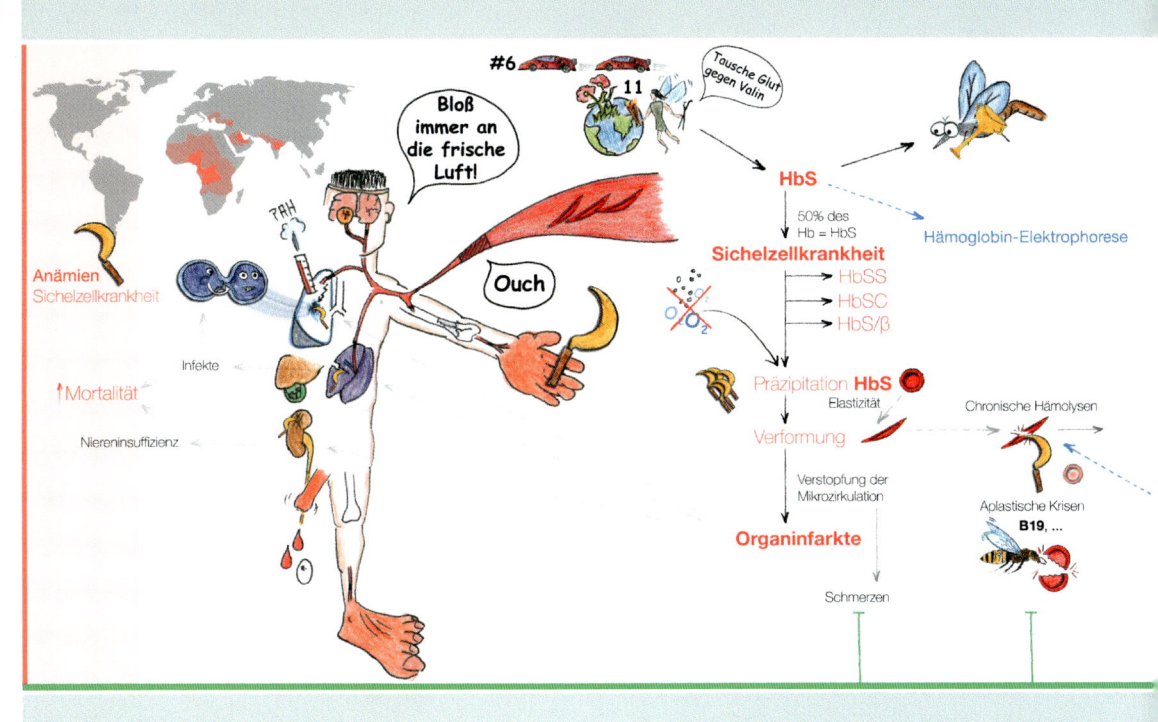

Hämato/Onko — Sichelzellanämie

Sphärozytose

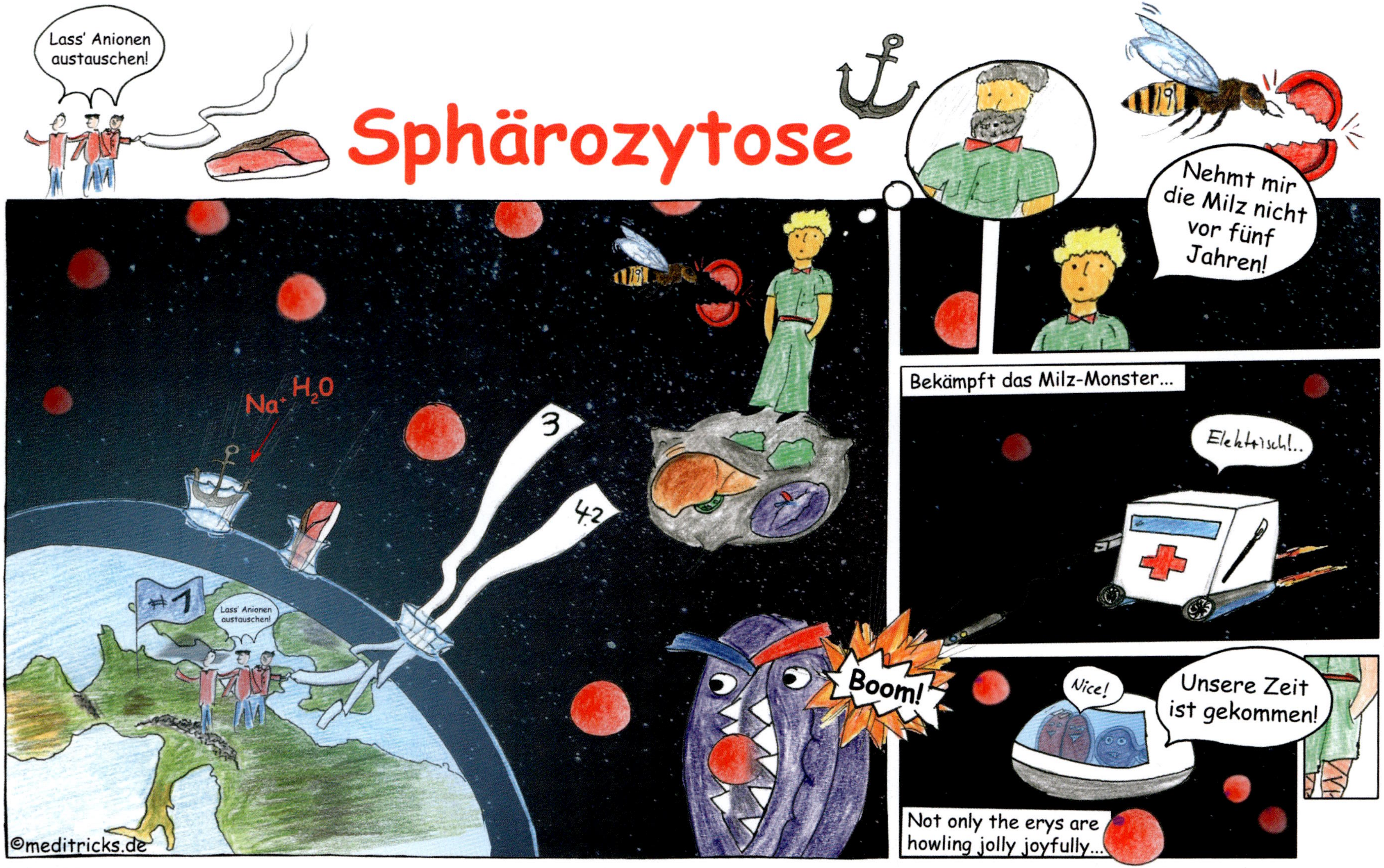

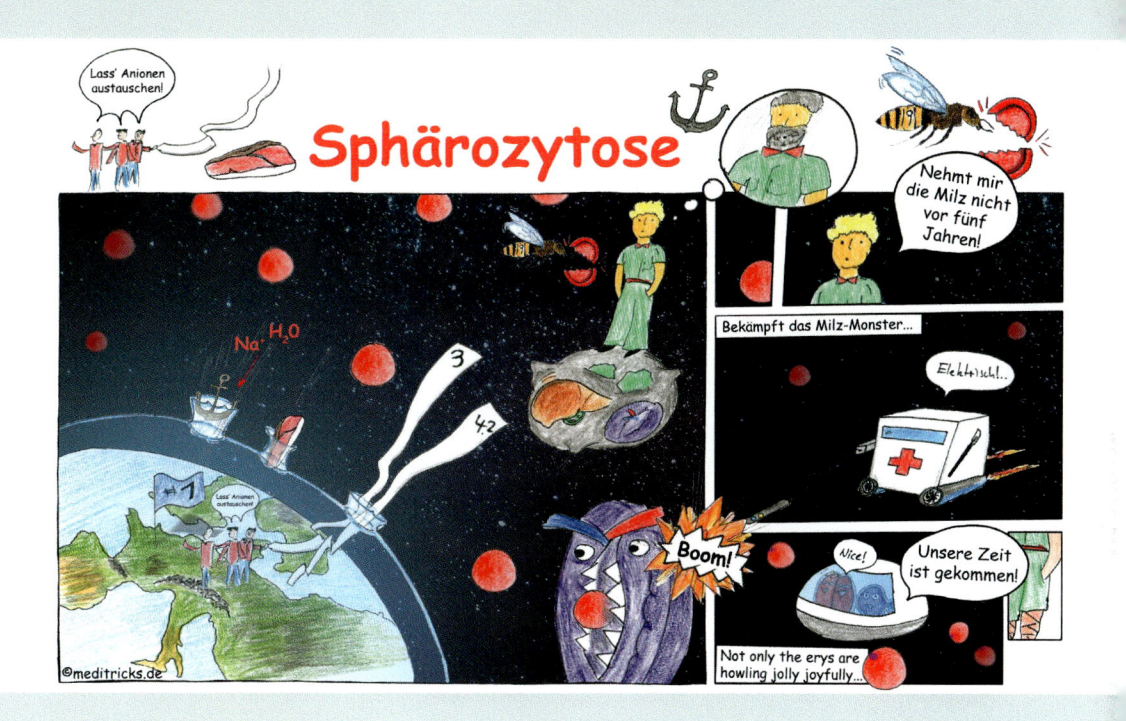

Hämato/Onko — Sphärozytose

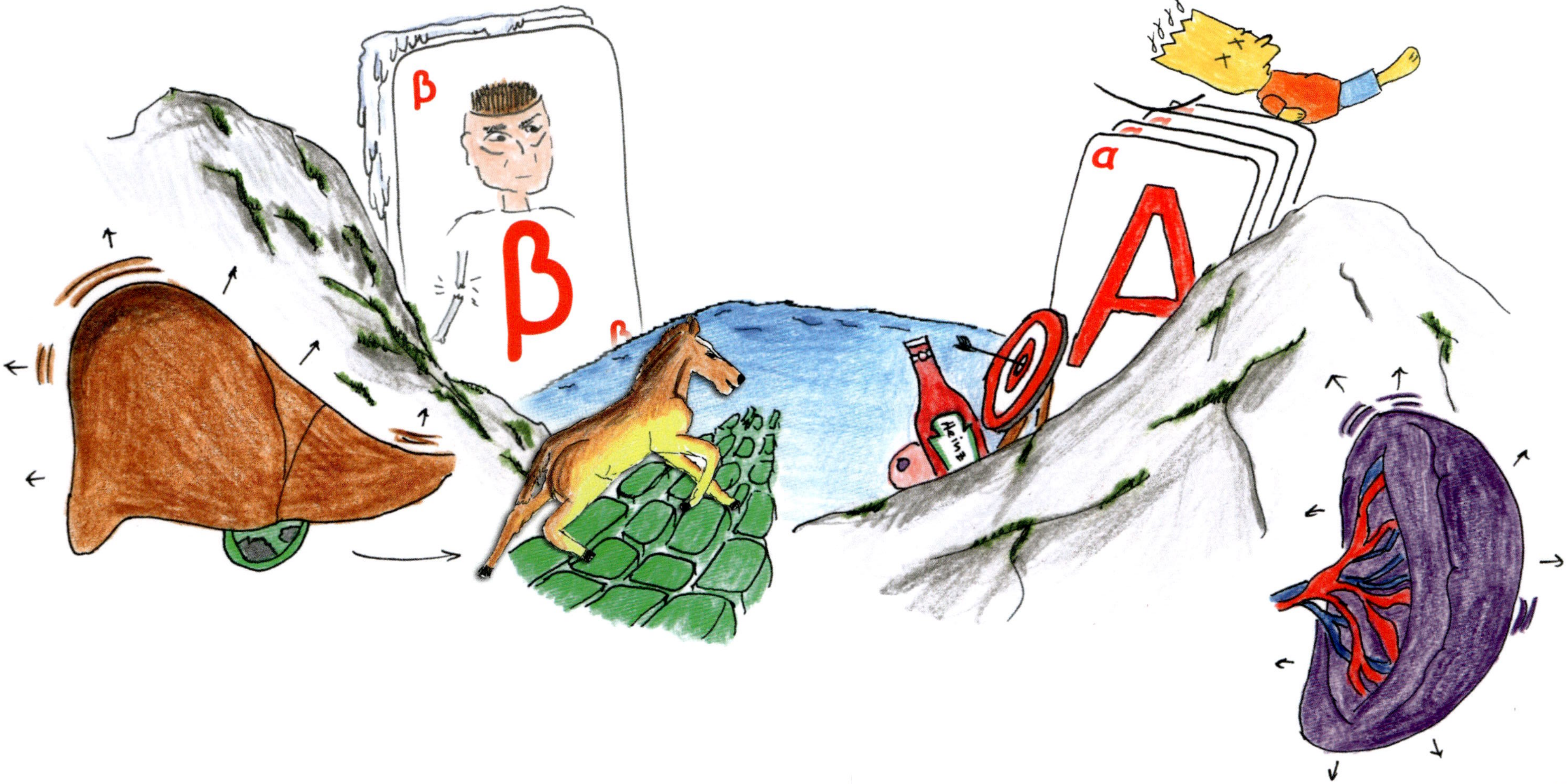
β
β
A
a
Heinz

Hämato/Onko — Thalassämie

192

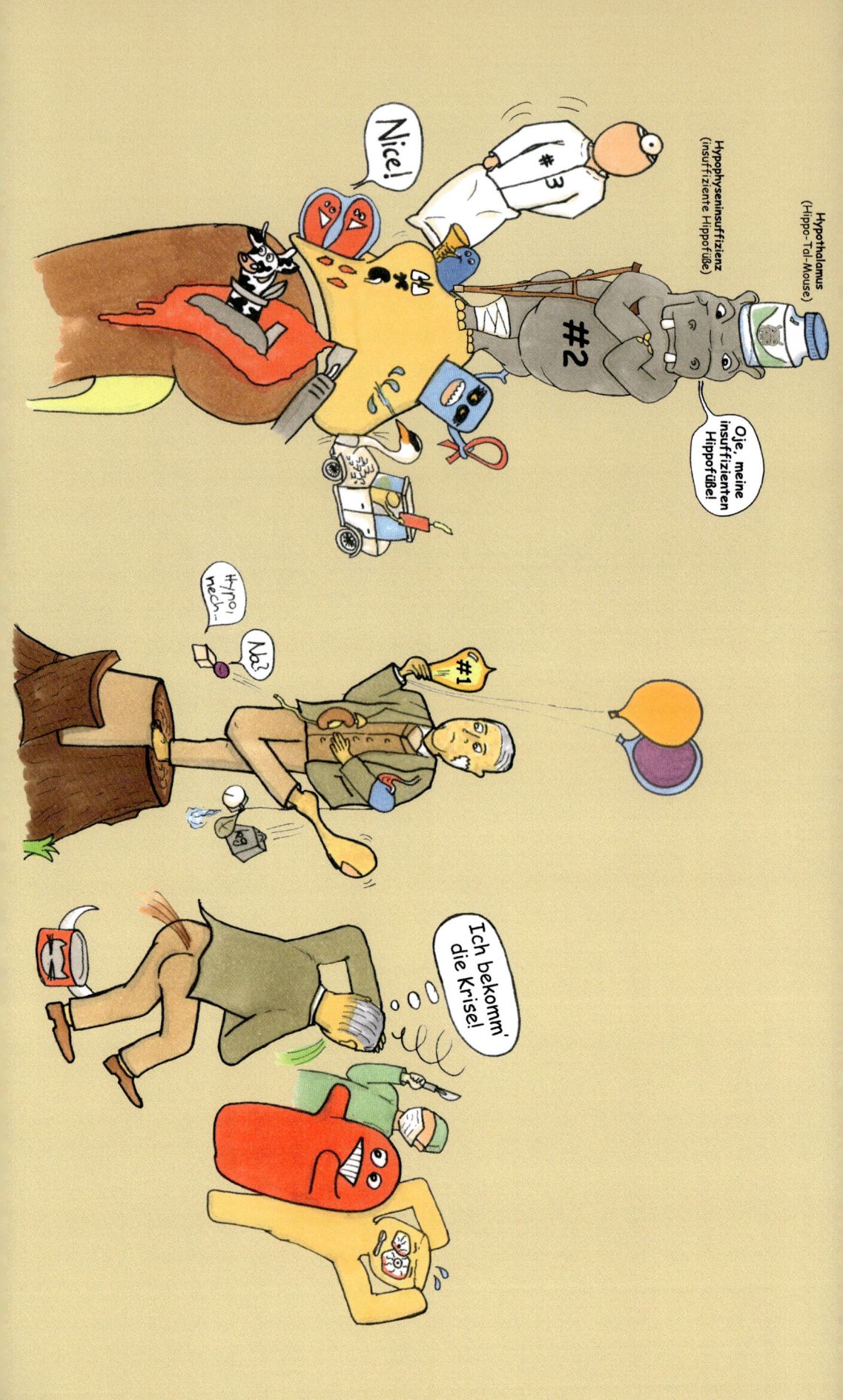

Endokrinologie — Morbus Addison

Der insuffiziente Hippofuß
Adé Hippofüße!
7A
Om
Adé!
Hippo pity
*Hypopituitarismus

Endokrinologie — Hypophyseninsuffizienz

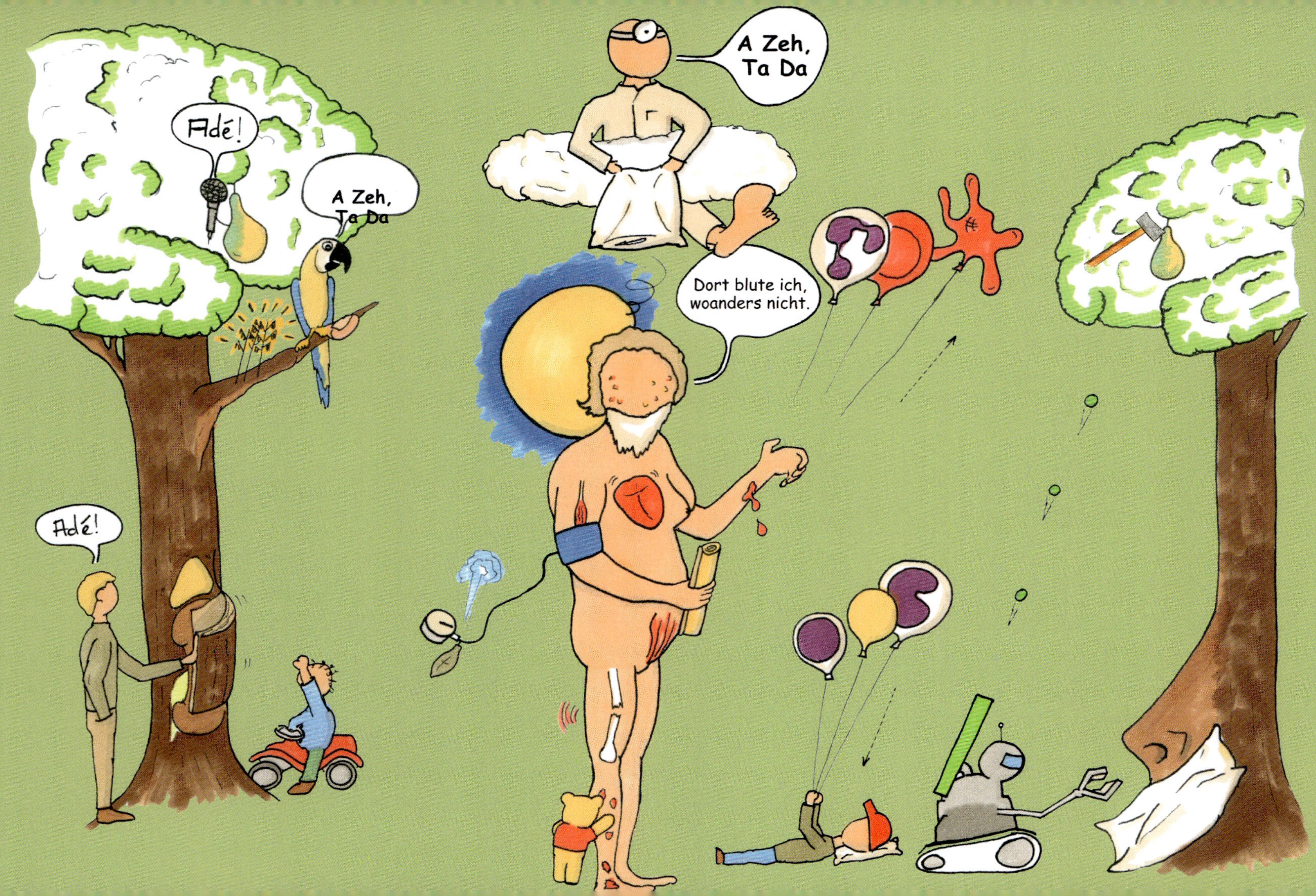
Adé!
A Zeh, Ta Da
A Zeh, Ta Da
Dort blute ich, woanders nicht.
Adé!

Endokrinologie | Morbus Cushing

Manchmal sind es die hinteren Hippofüsse.
HVL
HHL
Ouch, my head!
*SHT
Ca²⁺lifornia surfer dude!
Hiii-ya!

Endokrinologie — Diabetes insipidus

Dope hemmt, Teer(h) stimuliert
D2
MRT
Go in
Hoffentlich werden meine Hippofüße nicht insuffizient.
Prolaktin-
Om

Endokrinologie — Prolaktinom

GH-Rezeptor Antagonisten
Somatostatin-Analoga
D2-Agonisten
GHRH
D2
I like growth factor #1
Zucker tolerier ich nicht.
I like growth factor #1
2m
1m
off
45
First his bones grew, followed by his face and organs.

Endokrinologie — Akromegalie

AG Sex
Jetzt seid ihr groß, später nicht! Ich hol euch ein!
1 vorn = Hypertonie
Dem Bremer Viehbieger
High five, dies ist ein feiner Asteroid
Ich bin spät dran.

Endokrinologie — AGS, Adrenogenitales Syndrom

206

Endokrinologie — Hyperthyreose

Ich find' die Vase doof!

*Basedow

Endokrinologie — Morbus Basedow

weitere Werke

Das Infektiobuch
Infektiologie, gehirngerecht serviert

meditricks.de/ifb

BAND 1
PÄDIATRIE
STDs
NEUROLOGIE
AUGE

BAND 2
REISEERKR.
GASTRO
PULMO
KARDIO